KB263785

8월의
크리스마스

Christmas In August

오승욱

신동환

허진호

각본집

8월의
크리스마스

STUDIO:ODR

Christmas In August

내 기억 속의 무수한 사진들처럼,
사랑도 언젠가 추억으로 그친다는 것을
난 알고 있었습니다.

당신만은 추억이 되질 않았습니다.

사랑을 간직한 채
떠날 수 있게 해준 당신께
고맙단 말을 남깁니다.

차례

"좋아하는 남자 친구 없어요?"
변두리 사진관에서 아버지를 모시고 사는 '정원'.
시한부 인생을 받아들이고 가족, 친구들과
담담한 이별을 준비하던 어느 날,
주차단속원 '다림'을 만나면서
평온했던 일상이 차츰 흔들리기 시작한다.

"아저씨, 왜 나만 보면 웃어요?"
밝고 씩씩하지만 무료한 일상에 지쳐가던
주차단속원 '다림'.
단속 차량 사진의 필름을 맡기기 위해 드나들던
사진관의 주인 '정원'에게 어느새 특별한 감정을
갖게 되는데….

등장인물

정원
/ 한석규

초원사진관의 주인이자 사진사. 얼마 전 시한부 판정을 받은
30대. 죽음의 그림자를 마주하면서도 평범한 일상에서
삶의 온기를 찾으려 애쓴다. 세상의 빛과 그림자를 사진에
담으며 말 없는 따뜻함과 내면의 쓸쓸함을 동시에 지닌 인물.
밝은 미소 뒤에 감춘 숙연한 시선으로 커져가는
자신의 마음을 담담히 바라본다.

다림
/ 심은하

20대 주차단속원. 초원사진관을 자주 드나들며
정원과 조금씩 관계를 쌓는다. 당돌하고 적극적인 성격으로,
사진을 맡기러 올 때마다 정원과 나누는 짧은 대화와 미소에
작고 은근한 설렘이 스며든다. 정원의 병을 알지 못한 채
서로의 온도를 조심스레 맞추며 마음을 열어간다.

**정원
아버지**
/ 신구

정원 이전에 초원사진관을 운영했던 노년의 사진사.
시력이 나빠지면서 사진관을 아들에게 물려주었다.
아들이 시한부 판정을 받은 사실을 알면서도 내색하지 않고
묵묵히 하루하루를 살아간다. 짧은 대사와 침묵 속에서도
아들을 향한 깊은 연민과 책임감이 느껴지는 인물.

정숙
/ 오지혜

정원의 친동생이자 지원의 친구. 오빠의 병을 알고 있으면서도
웃음을 잃지 않으려 애쓴다. 가족의 따뜻한 울타리 안에서
서로를 보듬으며 오빠의 곁을 지킨다. 정원의 감정을
조심스레 지켜보며 마음속 응원을 보낸다.

철구
/ 이한위

정원의 친구이자 술 동무. 정원이 병을 숨기고 있다는 사실을
알고 있지만, 친구의 고통을 쉽게 받아들이지 못한다.
때로는 장난처럼, 때로는 술기운을 빌려 진심을 내비친다.
정원이 힘들 때마다 옆에서 힘이 되어준다.

지원
/ 전미선

정원의 첫사랑. 과거에 정원이 자신을 좋아했다는 걸
알고 있었지만, 이미 멀어진 시간을 되돌릴 수 없다는 사실을
받아들인다. 사진관에 걸린 자신의 사진을 치워달라고
정원에게 요청하며, 지나간 감정을 조용히 정리한다.

초원 사진관
Kodak CAMERA
325-9767
사진

오리지널 각본

일러두기

수록된 각본은 실제 영화에 사용된 최종본입니다. 일부 띄어쓰기나 한글 맞춤법에
어긋나는 표기도 작가의 의도를 반영하여 그대로 살렸습니다.
촬영 전 집필한 각본으로, 최종 상영된 영화와 다른 부분이 포함되어 있습니다.

S#1.　　　　　정원의 방　　　　　／ 낮

암전 상태에서 타이틀이 뜨기 시작한다.

화면이 밝아지면 잠을 자고 있는 한 남자의 얼굴이다.
평온히 자고 있는 정원의 얼굴에 아침 햇살이 닿는다.

S#2.　　　　　집 마당　　　　　／ 낮

마당 가운데 있는 수돗가.
소매 없는 러닝 차림의 정원이 이를 닦고 있다.
부엌에서 머리가 희끗희끗한 50대 후반의 남자가
이마에 땀이 송골송골 맺힌 채 김이 나는 더운물을
담은 들통을 들고나온다. 정원의 아버지다.
들통을 정원의 옆에 내려놓고 정원 앞의 세숫대야에
더운물과 찬물을 잘 섞는 아버지.

멀리서 확성기를 통해 학교 운동장의 소음이 들려온다.

소리	열중쉬어. 차렷, 교장 선생님께 대하여 경례.
	바로. 열중쉬어.
다른 소리	이어서 애국가 제창이 있겠습니다.
	애국가는 1절부터 4절까지.
소리	전체 차렷.

아이들이 부르는 애국가 소리가 들린다.
정원, 눈을 뜬다.

S#3.　　**운동장 옆 거리**　　/ 낮

학교 운동장이 내려다보이는 거리에서

스쿠터를 타고 달리는 정원.
정원은 달리던 스쿠터를 잠시 멈추고
담 너머로 운동장을 바라본다.

운동장에는 줄지어 선 아이들이 방학식을 맞아
교가를 부르고 있다.
교가가 끝나고 아이들의 환호성 소리.

정원은 운동장의 모습이 재미있는지
씩 웃으며 바라보다 다시 스쿠터를 타고 달려간다.

종합병원의 진료실 앞 복도.
나무로 된 병원 의자가 복도 양편에 놓여 있고,
열댓 명쯤 되어 보이는 환자들이 무표정하게 앉아
자기의 차례를 기다리고 있다. 그중에 끼어 있는 정원.
정원은 머리를 벽에 기대고 편안히 앉아 있다.
정원의 맞은편에는 열 살쯤 되어 보이는 아이가
어머니와 함께 앉아 바닥에 닿지 않는
두 발을 흔들고 있다.

그 아이의 모습을 인상적으로 바라보는 정원.

S#5.   학교 운동장   / 낮

여름방학이 막 시작된 텅 빈 운동장.
멀리서 스쿠터 한 대가 털털거리며
운동장 안으로 들어온다.

여름 햇살에 이파리를 반짝이며
바람에 물결치는 미루나무.

운동장 한끝에 스쿠터를 세우고 나무 그늘에 놓인
벤치에 앉는 정원. 벤치에 몸을 기대고
한낮의 텅 빈 운동장을 바라본다.

내레이션   내가 어렸을 때 아이들이 모두 가버린
텅 빈 운동장에 남아 있기를 좋아했었다.
그곳에서 내 곁에 없는 어머니를 생각하고,
아버지도 그리고 나도 언젠가는 사라져 버린다는
생각을 하곤 했었다.

운동장 끝에는, 미루나무들이 바람에 살랑이고
매미 울음소리가 기승을 부린다.

S#6.　　　　사진관　　　　　　/ 낮

사진 현상기에서 나오는 사진들.

사진을 빼내어 봉투에 집어넣고,
색연필로 사진 맡긴 사람의 이름을 써넣고
정리를 하는 정원.

머리 큰 여자가 문을 열고 들어와
이름을 말하며 사진을 찾는다.
정원, 여자에게 사진을 내준다. 명함판 사진.
사진을 꺼내 보는 여자, 고민스러운 표정이다.

여자　　아저씨, 얼굴이 좀 이상하게 나왔어요.

S#7.　　　사진관 촬영실　　／ 낮

머리카락으로 최대한 뺨을 가리고 포즈를 취하는 여자.
얼굴이 예쁜 이 아가씨는 머리카락으로 최대한
뺨을 가려 큰 얼굴을 작아 보이게 하려고 애쓴다.
정원은 사진을 찍으려다 말고 머리에 가려 얼굴이
잘 보이지 않는 여자의 모습에 난감해한다.

S#8.   사진관 앞   / 낮

사진관 앞 도로에 주차단속반 차량인
티코가 멈춰 선다.
차에서 내리는 한 여자. 사진관 안으로 들어간다.

S#9.   사진관   / 낮

화면에 가득 찼던 초점이 안 맞는 승용차 사진이
화면 밖으로 사라지면 주차단속원 아가씨, 다림이
서 있다. 일을 시작한 지 얼마 안 되는지
새로 맞춤을 한 티가 나는 엉성한 옷차림을 한 다림은
주차위반 차량의 사진들을 바라본다.

다림   번호판이 하나도 안 보이네.

정원은 난처해하는 다림의 모습을 보며 웃는다.

다림   왜 웃어요?
           이상하다. 잘 찍었는데, 아저씨가 잘못한 거 아녜요?

정원은 당돌한 주차단속원 아가씨를 보고 웃는다.
다림은 한숨을 쉬고 사진을 가방에 집어넣고는
정원에게 카메라를 내민다.

다림   할 수 없죠, 뭐. 아저씨, 필름 좀 넣어주세요.
정원   필름을 넣을 줄 몰라요?
다림   좀 해주세요.
정원   이리 와봐요. 가르쳐줄 테니 잘 들어요.

정원은 다림에게 카메라를 받아 필름 넣는 법을
설명한다. 정원에게 머리를 가까이 대는 다림.
정원의 코끝에 다림의 머리카락이 닿는다.
다림의 좋은 머리 내음.
다림은 정원의 설명은 듣지 않고
정원의 옷에서 나는 냄새를 맡고는 얼굴을 찡그린다.
정원이 눈치를 채고 당황해하자
다림은 필름을 넣은 카메라를 빠르게 낚아채고는
시치미를 뗀다.

정원   아가씨, 셔터 누를 때 숨을 멈춰.

정원, 손으로 카메라 모양을 만들어 시범을 보인다.

카메라를 들고 정원을 따라 하는 다림.

밖에서 차 경적 소리.
다림, 꾸뻑 인사를 하고 바삐 나간다.

S#10. 동네 / 낮

사진관이 멀리 보이는 동네 전경.
골목 앞에 경광등을 반짝이는 구급차가 서 있고,
동네 꼬마들이 무슨 신기한 일이라도 있는 것처럼
주위에 모여든다.
골목에서 한 가족이 흐느끼며 나온다. 정원의 친구.

골목 앞에서 기다리는 정원.
정원의 친구, 철구가 가족들의 틈에서 빠져나와
꼬마 아이들 틈에 서 있는 정원에게 두툼한 앨범을
건네고 바삐 구급차에 올라탄다.

철구 네가 알아서 잘 좀 골라봐….
이따가 병원에서 연락할게.

요란하게 사이렌 소리를 내며
모여 있는 사람들 사이를 빠져나가는 구급차.

S#11.　　　　　사진관　　　　　　／ 낮

세월이 보이는 앨범 속의 사진들.
앨범을 펼쳐보고 있는 정원. 이리저리 들춰보다
한 중년의 남자 사진을 앨범에서 빼낸다.

S#12.　　　　　화장터　　　　　　／ 낮

매미 소리가 귀 따갑게 들리는 이른 아침.
아침 햇살인데도 무척이나 따갑다.
화장터 건물을 등 뒤로 하고 정원과 철구가
벤치에 앉아 웃으며 이야기를 나누고 있다.

철구　　　　아버지 친구분들이 영정 사진 보고 막 웃으시더라고.
　　　　　　옛날 생각이 났나 봐.
정원　　　　너무 젊었을 때 사진을 썼나?
철구　　　　아니야. 한창 잘나갈 때 사진이라서

당신도 좋아하셨을 거야.

아버지하고 나하고 닮았다고 생각하긴 처음이야.

정원은 그냥 웃기만 한다.

가족 중 한 명이 철구를 부르자 일어나는 철구.

벤치에 홀로 남은 정원.

정원 옆으로 미루나무들이 아침 햇살에 반짝이고

그 밑으로 방금 도착한, 상복을 입은 후줄근한 가족이

휘적휘적 화장터로 향한다.

S#13.   사진관 앞   / 낮

문 닫힌 사진관. 출장 중이란 팻말이 붙어 있다.

문 앞에 주차단속원 다림이 서 있다.

뜨거운 여름 햇살에 피할 곳이 없어 땀을 흘리고 있다.

다림의 등 뒤로 검은 양복을 입은 정원이 다가선다.

깜짝 놀라는 정원.

정원	여기서 뭐 해요?
다림	한참 기다렸어요.
정원	….

다림은 더위에 지친 찡그린 얼굴로
정원이 문을 열도록 비켜선다.

S#14.　　　사진관 안　　　/ 낮

사진관 안으로 들어오는 정원.
약간 신경질이 난 듯한 표정으로 따라 들어오는 다림.

정원은 들어오자마자 몹시 피곤한 듯
대꾸도 하지 않고 소파에 쓰러져 털썩 앉아
머리를 벽에 기댄 채 눈을 감는다.
다림은 화가 더 난 듯이 팔짱을 끼고 정원을 노려본다.
정원은 눈을 감은 채 어렵게 입을 연다.

정원　　이따가 오면 안 돼요?
다림　　이거 급한 거니까 빨리 찾아오래요. 얼마나 걸려요?

당돌해 보이는 다림은 서너 통쯤 되어 보이는 필름을
사진관의 유리 탁자 위에 쏟아놓는다.
다림은 정원이 아무런 대꾸를 안 하자 머뭇거리며
사진관 밖으로 나간다.

(시간 경과)

씻은 듯이 얼굴이 밝아진 정원은 선풍기를 틀고

양복을 벗는다.
통 속의 필름들을 꺼내며 밖을 바라보는 정원.

다림은 갈 곳을 정하지 못하고 머뭇거리며
땡볕 아래 사진관 앞을 서성거리고 있다.

S#15.   슈퍼마켓 앞   / 낮

다림은 슈퍼마켓 앞의 천막 그늘에 의지해
더위를 피하고 있다.
그녀 뒤로 정원이 하드를 빨며 나타난다.
다림은 정원의 모습에 민망해하며 자리를 피하려 한다.
하지만 그늘 밖은 너무나 뜨겁다.

정원은 자기가 빨아 먹던 하드를 다림에게 내민다.
다림이 고갯짓하며 난처해하자 다른 손에 감추었던
하드를 내민다. 다림도 자신이 미안했다는 듯
장난을 받아주며 하드를 받아 먹는다.

정원   아까 저 때문에 화났었죠?
다림   아침부터 혼나고, 너무 더워서 그래요.

정원은 파라솔 그늘에 앉는다.

정원   이리 와 앉아요.

다림은 힘없이 털썩 주저앉는다.

다림   더운 건 정말 싫어요.

정원   난 좋은데.

다림   이번 사진은 어떻게 나올지… 걱정된다.

       이번에도 초점이 안 맞으면 그건 내 잘못 아니에요.

       아저씨 잘못이지.

S#16.   정원의 집   / 저녁, 비

마당에는 잘 가꾸어진 화초들이 나란히 놓여

잎사귀마다 빗방울을 떨구어내고 있다.

수돗가에 놓인 자주색 대야 위에는

노란 바가지가 둥둥 떠 있고,

바가지가 움직일 때마다 대야에 가득 찬 물이

넘쳐 시멘트 바닥 위로 흘러내린다.

ㄷ자형으로 된 한옥의 마루 미닫이문은

활짝 열려 있고, 마루 위에는 모시옷을 입은

정원의 아버지가 선풍기 바람을 쐬며 누워 있다.

정원이 부엌에서 나와 마당을 가로질러 장독대 옆,

나무 상자에 심겨 있는 파를 몇 뿌리 캐내어

수돗가에서 씻는다.

조금씩 내리는 빗방울이 정원의 어깨를 적신다.

정원, 고개를 들어 하늘을 본다.

<table>
<tr><td>S#17.</td><td>**지하상가**</td><td>/ 저녁</td></tr>
</table>

수많은 옷 가게들이 늘어선 지하상가.
접은 우산을 손에 쥔 다림이 옷을 구경하며 걷고 있다.
청바지에 티셔츠 차림이다.

꽃 가게 앞에서 꽃을 구경하는 다림.
비 오는 오후에 상가의 가게를 구경하며 소일하고
있다. 같은 길을 여러 번 왔다 갔다 하는 다림.

S#18.   다림의 집   / 밤

연립주택 문을 열고 들어서는 다림.
어수선한 신발장과 널려 있는 신발들.
좁은 연립주택의 공간에는 버리지 못한 낡은 물건들이
잔뜩 널려 있다.

안방의 문이 잠시 열렸다가 닫힌다.

아버지   (소리) 뭐 하다가 이렇게 늦게 들어오냐.

다림은 냉장고 안에서 김치를 꺼내고 전자레인지에
찌개를 데운다. 밥솥에서 밥을 퍼서 식탁에 놓고
찌개가 데워지기를 기다린다.

S#19.   다림의 방   / 밤, 비

좁은 방 안에 여자 방이라고 할 수 있는 물건은
화장대와 옷장뿐이고, 주방 도구들이 상자에 담겨
옷장 위에 올려져 있다.

침대에 누워 눈을 감는 다림.

안방에서 들리는 텔레비전 소리는 얇은 벽을 뚫고
다림의 방을 왕왕 울린다.

다림은 벌떡 일어나 창문을 열고 담배에 불을 붙인다.

긴 한숨처럼 내뿜어져 나오는 담배 연기.

창밖에는 아직도 비가 내리고 있다.

S#20.   사진관   / 낮

사진관에는 세 명의 남자 중학생들이 왁자지껄하게
떠들고 있다. 그들은 정원 앞에 사진 한 장을 놓고
머리를 맞대고 있다. 한눈에 개구쟁이들인 그들은
초등학생티를 아직 못 벗은, 반에서 맨 앞줄에나
앉을 것 같은 녀석들이다.

중학생 1   여기 있는 애가 내가 찍은 애예요.

중학생 2   이 애는 내 거예요.

중학생 1   뻥 까고 있네. 이게 어디 예쁘냐?

             아저씨, 얘가 더 예쁘죠?

서로 자기가 찍은 여자들이 더 예쁘다고 아옹다옹한다.
그 모습을 보고 웃는 정원.

정원   이걸 확대하면 좀 흐리게 나올 텐데.

중학생 1   괜찮아요.

정원   (아무 말 없는 중학생 3을 보고) 너는?

중학생 3   (멋쩍게 웃으며) 난 좀 많아요.

중학생 1   너, 내 거 건드리지 마.

정원과 중학생들 앞에는 여자 중학교 학생들의
단체 사진이 놓여 있다.
사진 속에는 여자아이들이 활짝 웃고 있다.
중학생 3이 사진 속의 여자아이들을 가리킨다.
중학생 1과 중학생 2가 중학생 3에게 달려든다.
아마 자기들이 좋아하는 여자아이를
확대해 달라는 모양이다.

정원   야, 야. 싸우지들 마라.
              너희들 이 여학생들한테 말이나 걸어봤어?

떠들던 중학생들이 한순간 조용해지고
곧이어 멋쩍은 웃음이 터진다. 아이들의 소란 속에

어느새 다림이 사진관에 들어와 있다.

정원   자식들… 알았어. 내일 와라.

아이들이 우르르 몰려 나가고
다림이 정원 앞으로 다가선다.

다림   어른이나 애들이나 남자들은 왜 그래요?
정원   (웃으며) 왜. 남자가 여자를 좋아하는 게 나쁜가?
그래도 여자 발가벗은 사진 갖고 와서
확대해 달라는 것보다는 낫지.
다림   아저씨는 그런 것도 해줘요?

정원은 실없이 그냥 웃기만 한다.

다림은 정원을 흘겨보고는…
사진관을 둘러본다. 사진관 벽에는 돌 사진,
가족사진 등 평범한 인물 사진과 그 옆으로
구도가 잘 잡힌 흑백 사진 들이 걸려 있다.

다림   이 사진들 다 아저씨가 찍은 거예요?

정원은 웃으며 고개를 끄덕거린다.

다림   (인물 사진들을 보며) 이 사진은요?
정원   아버지가 찍으신 거예요. 지금은 눈이 나빠지셔서
        사진을 찍으면 포커스가 잘 안 맞아요.
다림   (웃으며) 나랑 비슷하시네.

다림은 호기심 어린 눈으로 흑백 사진을
다시 바라본다.

다림   이런 사진 찍기는 굉장히 힘들 것 같은데…
        이제 보니 사진작가구나.
정원   학생 때 찍은 건데…
        저런 인물 사진 찍기가 더 어려워요.
        나도 어렸을 땐 몰랐어요.

정원의 말에 다림은 정원을 흘겨보고는
정원 앞에 다섯 통의 필름을 내놓는다.

정원   벌이가 좋네요.
다림   아저씨는….
정원   오늘은 급한 거 아니죠?

다림이 살짝 웃는다.

S#21.   거리   / 낮

스쿠터를 멈추고 길 건너를 바라보는 정원.
도로 저편에 주차단속원들이 보인다.

대머리 아저씨와 싸우고 있는 다림.
아저씨의 핏대를 올린 욕지거리에
두 눈을 똑바로 뜨고 고개를 든 채 노려보는 다림.
다림이 아저씨의 말을 무시하고 가는데,
아저씨가 다림의 옷자락을 잡고 늘어진다.
다림, 뿌리치려 하지만 아저씨는 끝까지 잡고
늘어진다. 다림과 아저씨의 몸싸움.

정원, 지나치다 그들의 모습을 본다.
다림을 안쓰럽게 바라보는 정원.

S#22.   사진관   / 낮

문을 열고 들어서는 다림. 언제 싸웠냐는 듯
생글거리는 모습이다. 다림의 손에는 필름이
다섯 통 쥐어져 있다. 다림이 정원에게 필름을 주려다

멈칫한다. 필름 통에 땀이 번져 있다.
당황하며 옷깃으로 땀을 닦는 다림.

정원   괜찮아. 이리 줘.

다림은 생글거리지만, 눈가에는 눈물자국이 남아 있다.

다림   아저씨가 쓰는 카메라 얼마쯤 해요?
정원   어떤 카메라?
다림   있잖아요. 노란 끈 달리고 사진기 앞에
           대포처럼 튀어나온 거. 그런 거 하나 살 생각이에요.
정원   왜요?
다림   그냥요…. 그런 거 가지고 다니면서 단속하면
           사람들이 무시 못 할 거예요.

다림은 소파에 털썩 주저앉는다.

다림   좀 쉬었다 가도 되죠? 더운 건 이제 지겨워요.

다림, 정원을 가만히 바라보다가

다림   사자자리죠?

정원   ….

다림   생일이 8월 아니에요? 사자자리가 나랑 잘 맞는데….

        근데 아저씨 몇 살이에요?

정원   20대 후반.

다림   30대구나? 그렇게 말하는 거 보니까.

        완전히 아저씨네. 결혼은 아직 안 했죠?

정원은 다림의 쫑알대는 모습에 장난을 치고 싶다.

정원   벌써 애가 둘인데.

다림   아저씨 옷 입는 거 보면 알아요.

        거짓말 마세요. 사귀는 여자도 없죠?

정원   어린것이 별걸 다 묻네.

다림   어린것이라뇨. 기분 나빠.

        나 이제부터 10분만 잘 테니까 말 시키지 마요.

다림은 갑자기 생각이 났는지 고개를 돌려

정원을 빤히 쳐다본다.

다림   그런데 아저씨, 왜 오늘은 반말해요?

정원은 웃으며 다림의 시선을 피한다.

S#23.   정원의 집 부엌   / 저녁

정원이 도마에 파를 다지고 있다. 큰 양푼에는
돼지고기가 담겨 있다. 양푼에 도마의 파를 넣고,
다진 마늘을 넣은 다음 찬장에서 정종 병을
꺼내어 돼지고기 위에 뿌린다. 간장을 넣은 후
마지막으로 고추장을 수저로 덜어 넣고,
일회용 비닐장갑을 손에 끼고 고기를 버무리는 정원.

부엌 밖 마당에는 정원의 동생 정숙이
휴대용 가스레인지에 전을 부치고 있고,
아버지는 수돗가에서 포도를 씻고 있다.
대문이 열리며 다섯 살 정도의 사내아이가
뛰어들어 온다.

사내아이   할아버지!

사내아이는 (정원의) 아버지에게 안길 듯하다가
부엌에서 나오는 자기 엄마를 보고 그쪽으로 달려간다.
곧이어 정숙의 남편, 석희가 비닐 보따리를 들고
들어온다.

S#24.   정원의 집 마루   / 저녁

정숙 부부와 아버지, 정원이 마루에 옹기종기 앉아
포도를 먹고 있다. 정숙의 아들 민호는
포도 껍질만 벗겨 빨고 알맹이는 버린다.

정숙   철구 오빠 아버님이 돌아가셨다면서?

정원은 건성으로 고갯짓만 한다.

정숙   오빠 약은 시간 지켜 잘 먹지?
아버지   밥 잘 먹고 약만 꼬박꼬박 시간 지켜서
           먹어도 병이 낫는다는데.
정숙   아빠가 잘 감시하세요.
석희   의사는 별말이 없어요?
정원   응.
석희   그 병원에 내가 아는 선배가 있더라고요.
           형님 이야기를 했는데….

정원은 자기 무릎에 민호를 앉히고
포도 먹는 법을 가르치고 있다.
포도를 입에 물고 껍질의 단맛을 빨고 씨만 뱉어낸다.

민호는 따라 해보지만, 아이의 입에서는 여전히
포도 알맹이가 뱉어진다.

 수산시장 안   / 낮

수족관 속에 활어들이 힘없이 움직이고 있다.
그 모습을 물끄러미 구경하는 정원.

생선 가게 앞에서 생선을 고르는 아버지.
주인이 횟감 상자를 가져오자 정원이 받는다.
아버지는 정원이 들고 있던 한보따리의 비닐봉지를
억지로 빼앗고 달랑 횟감 상자만을 쥐여준다.

 수산시장 앞길   / 낮

늙은 아버지는 한보따리를 들고 있고, 앞서서
걸어가는 정원은 달랑 횟감 상자만을 들고 있다.
정원은 길가 노점상들의 물건을 구경하면서 간다.
앞서가는 아들의 뒷모습을 바라보던 아버지…
걸음을 멈춘다. 그의 얼굴이 일그러지면서

빨갛게 충혈이 된 눈에서 굵은 눈물방울이 흐른다.
어깨를 들썩이며 오열하는 아버지.
마디가 굵은 손으로 얼굴을 감싸며 눈물을 훔치지만
손가락 사이로 눈물이 흐른다.
앞서가던 정원은 아버지를 보고는 천천히 다가온다.
아버지는 눈물을 닦고 정원에게 그냥 가라고
손짓한다.

S#27.   거리   / 낮

동네 담장들이 늘어선 골목.
나무 그늘을 지나는 정원의 스쿠터.
맞은편에서 여자가 걸어오다 멈칫하고 선다.
그녀를 지나쳐 가던 스쿠터가 멈춘다.
스쿠터에서 내려 여자에게 가는 정원. 정원과 마주 선
여자는 고개를 내리깔고 발끝만 바라본다.

정원   오랜만이다.

지원   그러게, 꽤 됐지?

정원   집에 왔니?

지원   응.

둘은 별말이 없는 것 같다. 어색하다.
지원은 정원을 슬쩍 보고는 웃는다.

지원   옛날이나 지금이나 똑같구나.
정원   그렇지 뭐.
지원   나 갈게.
정원   그래, 잘 가.

지원은 몸을 돌려 가던 길을 간다.
정원은 그녀의 뒷모습을 보다가 자신의 스쿠터로
돌아가 시동을 거는데, 지원이 되돌아온다.

지원   저기 있잖아….
           사진관에 걸려 있는 나하고 정숙이하고 찍은
           사진 말이야, 그것 좀 치워줄래?
정원   왜? 보기 싫어?
지원   그런 건 아니고….
정원   알았어. 치울게.
지원   고마워.

돌아서 가려는 정원, 갑자기 지원에게 손을 내민다.
지원은 정원의 내민 손을 보고 영문을 모르다가

빙그레 웃으며 손을 내밀어 악수한다.

S#28.   사진관 밖   / 낮

사진관 유리창에 진열된 사진.
교복을 예쁘게 차려입고 활짝 웃고 있는
여고생들의 사진 액자가 보인다.
동생 정숙과 그녀의 친구 지원이 같이 찍은 사진이다.

그녀들의 사진 액자 위로 유리창에 반사되는 정원.
사진을 바라보다가 사진관 안으로 들어간다.
사진관 안에서 지원의 사진을 꺼내는 정원.

S#29.   아파트 단지 앞 거리   / 낮

스쿠터를 타고 달리는 정원.
좁은 골목들을 빠져나와 아파트 단지로 들어간다.
태권도장 스티커를 끔찍하게 붙인 봉고차가 서 있고,
하얀 도복을 입은 조무래기들이 조잘거리며
봉고차에서 내린다. 철구가 찻길의 한가운데로 나와

조무래기들이 길을 건너도록 차를 세운다.

정원의 스쿠터가 철구의 코끝에 바싹 붙어 선다.
서로 마주 보며 웃는 두 사람.
정원은 철구를 비켜서 갈 길을 간다.
손을 흔들어주는 철구.

S#30. 아파트 단지 앞 다른 거리 / 낮

스쿠터를 타고 달리는 정원의 시야에
다림의 뒷모습이 보인다. 그녀는 혼자서
종이 뭉치를 한 덩어리 낑낑거리며 들고 가고 있다.
그녀 옆으로 서는 정원의 스쿠터.

다림   아저씨. 어디 가요?
정원   가게로 가는데.
다림   숙녀가 이렇게 무거운 걸 들고 가야 하겠어요?
정원   단골손님인데. 뒤에 타.

정원은 다림의 종이 뭉치를 스쿠터에 실은 후,
다림을 태우고 달린다.

정원   구청으로 가야 하지?

다림   네.

다림을 뒤에 태우고 달리는 스쿠터.

S#31.   아파트 단지 앞   / 낮

나무 벤치에 기대 쉬고 있는 정원.

다림, 하드를 사 가지고 정원의 자리에 앉는다.

다림은 하드 껍질을 벗겨 혼자서 먹는다.

정원이 쳐다보면 한입 베어 먹은 하드를 내민다.

정원은 태연히 다림이 내민 하드를 받아먹는다.

다림   복수하려고 했는데… 또 당했네.

정원과 다림은 서로 마주 보며 웃는다.

다림   어지럽다면서 이젠 괜찮아요?

          이것도 아저씨 마시세요.

다림, 한쪽 손에 숨겨두었던 건강 음료를 내민다.

정원   이젠 괜찮아.

            다림, 음료수를 따서 입 안 대고 반쯤 마시다
            정원에게 다시 건네준다.
            다림의 입가에 음료수 자국이 조금 남았다.
            손수건을 꺼내 입 주위를 닦는 다림.

정원   예전에 이 앞을 지나면 아카시아 냄새가
            진동했는데. 5월이면 신선하고 좋잖아.
            밤에 여자 친구하고 이 앞을 왔다 갔다 하면서
            아카시아 냄새만 맡았어.
다림   아무 말도 안 하고요?
정원   응. 그냥 걷기만 했어.

            다림은 웃으며 크게 심호흡한다.
            그 모습을 보고 웃는 정원.

다림   난 아직 연애 한번 제대로 못 해봤는데.
정원   좋아하는 남자 없어?
다림   다들 시시해요.
정원   좋아하는 사람을 만나면 달라질걸.
다림   모르죠. 어느 세월에.

여름날 한낮의 아파트 단지는 뜨거운 햇살로

인적이 없고 매미 소리만 시끄럽다.

         정원의 집   / 해 질 녘

정원, 대문을 열고 들어간다.

정숙은 마당에서 빨래를 걷고 있다.

정원, 정숙이 빨래 걷는 것을 도와준다.

         부엌   / 저녁

부엌 문지방에 서 있는 정원.

정숙이 부엌 안에서 김치통을 냉장고에 넣고 있다.

정숙   이건 열무김치니까 냉장고에 두고

        사흘 있다 꺼내 먹고. 요건 배추김친데 여기 뒀서

        익은 다음에 먹어.

정원   수고했다.

정숙   나 갈게. 버스정류장까지 바래다줘.

정원   수박 먹고 갈래?

정숙   그럴까?

S#34.   정원의 집 마루   / 저녁

            마루에는 곱게 썰어놓은 수박이 그릇에 놓여 있고,
            마루 미닫이문 끝에는 모기향이 연기를 올리며
            타고 있다.

정숙   낮에 지원이 집에 잠깐 갔었어.

            힐끔 정원의 표정을 보는 정숙.
            정원은 아무 말 없이 수박을 베어 물고
            수박씨를 마당에 내뱉는다.

정숙   지원이 생각만 하면 마음이 아파.
            남편이 노름을 했대. 그리고 때리기까지 했나 봐.

정원   그런 얘기 이제 그만해.

정숙   그래도 안된 걸 어떡해. 새파랗게 젊은 나이에….
            오빠 아직 지원이 좋아해?

정원   …오래전 얘기야.

정숙   생각나? 오빠 고등학교 다닐 때 책갈피에

지원이 사진 넣어 다니고 그랬었잖아….

정숙의 말을 외면하듯 수박씨를 마당에 멀리
내뱉는 정원. 정숙이 흘겨보다가 같이 내뱉는다.

마주 보며 웃는 남매. 정숙은 웃다 말고
웃고 있는 정원을 물끄러미 쳐다본다.

정숙   오빠….

S#35.   사진관   / 낮

뚱뚱한 30대 중반의 여자가 비 오듯이 땀을 흘리며
사진관으로 들어온다. 정원의 눈치를 보면서
머뭇거리다가 힘들게 입을 연다.

여자   옛날 사진이 있는데, 이거 많이 구겨졌어요.
정원   어디 봐요.

여자가 내민 사진은 많이 구겨지고 손상되어 있다.
그 사진에는 예쁜 소녀가 발래를 하고 있다.

아마도 여자가 소녀 때의 사진인 모양이다.

정원   아줌마세요?
여자   (얼굴을 붉히며) 네. 고등학교 때 무용을 했어요.
정원   사진이 많이 상했네.
여자   무용할 때 사진은 이것밖에 없는데,
         아기가 이렇게 해놨어요.
정원   걱정 마세요. 새 사진으로 만들어드릴게요.
여자   고마워요.

         여자가 가고 정원은 사진을 바라본다. 소녀의 사진.
         정원은 고개를 돌려 진열장에서 치워놓은
         지원과 정숙의 고등학교 때 사진을 바라본다.

S#36.   유치원   / 낮

         카메라를 들고 아이들 사이를 누비는 정원.
         유치원 행사 날이다. 유치원 마당에
         아이들이 단체 사진을 찍기 위해 모여 있다.
         카메라의 뷰파인더를 들여다보는 정원.
         아이들이 조잘거리며 활짝 웃고 있다.

S#37.   사진관 앞   / 낮

사진관의 유리창을 닦고 있는 정원.
비눗물이 유리창 닦이에 굵은 선으로 지워지고
유리창 안의 풍경이 드러난다.

S#38.   사진관 안   / 낮

깨끗해진 유리창을 뒤로하고 도구를 챙겨
사진관 안으로 들어가는 정원.
사진관 안에 여자가 앉아 있다.

정원   깜짝 놀랐네. 언제 들어왔어?

지원   몰래 살금살금.

정원   커피 줄까?

지원   안 돼. 밤에 잠을 못 자.

정원   정숙이가 찾아갔었다며.

지원   응. 오늘이 8월 15일이야.

정원   그래. 난 아직도 오늘이 되면

        방학이 끝나간다는 생각이 들어.

지원   맞아. 이맘때부터 일기 쓰고 숙제하기 바쁘지.

<table>
<tr><td>정원</td><td>너 생각나니?</td></tr>
<tr><td>지원</td><td>뭐?</td></tr>
<tr><td>정원</td><td>내가 네 일기 보고 날씨 베낀 거.</td></tr>
<tr><td>지원</td><td>맞아. 정숙이 거 보고 베끼지,
왜 내 거를 보느냐고 싸웠지.</td></tr>
<tr><td>정원</td><td>그때가 벌써 20년 전이네.</td></tr>
<tr><td>지원</td><td>그래, 눈 깜짝할 사이에 어른이 되어버렸어.</td></tr>
</table>

정원   육영수 여사 죽은 날 기억하니?

지원   응. 그때 꽃밭에서 맨드라미를 보고 있었어.

       그런데 육영수 여사가 죽었다 그러더라고.

       텔레비전을 보면서 무서웠어.

       내 첫애도 오늘 태어났어.

       난 오늘만 되면 피 냄새가 나는 것 같아.

       정원은 지원 옆에 앉아 있다.

       잠시 동안 둘 다 말이 없다.

정원   아픈 데는 없니?

지원   내가 물을 말인데.

       정원은 웃는다. 지원도 담담한 모양이다.

지원   오빠는 이 동네에서 20년이 넘게 살았는데

       지겹지도 않아?

정원   모르겠어. 지겨운 것도 잊고 살아.

       그냥 아무 생각 없어.

지원   여기를 다시 오게 될 줄은 몰랐어.

       정원의 얼굴을 바라보는 지원.

정원은 그녀의 눈길을 피해 고개를 떨군다.

지원   왜 아직 결혼 안 했어?

정원   너 기다리느라고.

지원   (웃는다) 오빠. 많이 아프다면서?

정원   겉은 멀쩡해. 속에서 곪나 봐.

지원   심각해?

지원은 정원을 뚫어지게 바라본다.

정원은 그녀의 눈길을 피해 한숨을 쉰다.

말없이 창밖을 쳐다보는 두 사람.

S#39.   버스 안   / 낮

달리는 좌석버스 안에 앉아 창밖 풍경을 바라보는

정원. 버스에 틀어놓은 라디오에서

산울림의 〈창문 너머 어렴풋이

옛 생각이 나겠지요〉가 흘러나온다.

정원은 낮은 목소리로 따라 부르기 시작한다.

달리는 버스의 차창으로

상점마다 태극기를 걸어놓은 거리가 보인다.

S#40. 종합병원 도로 / 낮

늦여름의 햇살이 뜨거운 오후.

길게 뻗은 병원의 도로를 따라 내려오는 정원.

늦여름의 햇살이 뜨겁고 매미 울음소리가 시끄럽다.

S#41.   정원의 집 부엌   / 낮

냄비에 라면이 끓고 있다. 정원은 싱크대에서 씻은
파를 가위로 썰어 라면에 넣는다.
마루에 걸터앉아 선풍기 바람으로
라면을 식혀 먹는 정원.

다시 부엌. 설거지통에는 밀린 그릇들이 많다.
정원은 수세미에 세제를 묻혀 그릇들을
설거지하기 시작한다.
숟가락과 젓가락 하나하나를 천천히 닦아내는 정원.
설거지 된 그릇들을 깨끗하게 포개놓는다.

S#42.   정원의 집 마루   / 해 질 녘

해 질 녘이어서 어둡게 형체만 드러나는
정원의 뒷모습. 몸을 구부려 발톱을 깎고 있다.
조용한 저녁에 정원의 발톱 깎는 소리만 들린다.

발톱을 다 깎고 나서 마루에 드러눕는 정원.
정원의 눈에선 눈물이 흐른다.

S#43.   초등학교 운동장   / 해 질 녘

아무도 없는 운동장에는 해가 뉘엿뉘엿 저물어가고
불어오는 바람에 쏴 소리를 내며 흔들리는
미루나무 잎새들.

S#44.   사진관 앞   / 낮

사진관의 문을 잠그고 스쿠터에 올라타는 정원.
다림이 헐레벌떡 달려온다.

다림   아저씨, 이거 오늘 꼭 맡겨야 해요.
정원   출장 가는 길인데 내일 오지 그래.
다림   안 돼요. 급한 거예요.
정원   그럼, 저기 큰길에 17분 완성에 갖다 맡겨.
다림   안 돼요. 거기는 가기 싫어요. 아저씨….

어리광을 피우며 정원을 붙잡고 매달리는 다림.

S#45.　　　　사진관 안　　　　／ 낮

탁자 위에 먹을 것이 가득 늘어져 있다.
정원과 다림은 떠 먹는 아이스크림을 먹고 있다.
몇 술을 뜨고 손을 놓는 정원.

다림　　　아저씨. 아이스크림 안 좋아해요?

정원　　　아니. 많이 먹었어.

다림　　　아저씨 외아들이죠.

정원　　　어떻게 알았어?

다림　　　형제가 많은 집에서 자란 사람은
　　　　　먹는 거 보고 알아요. 우리 집은 아이스크림 하나
　　　　　먹으려면 전쟁을 해야 해요. 나하고 막냇동생은
　　　　　늘 죽자 살자 해야 겨우 얻어먹었어요.

정원　　　형제가 많아?

다림　　　우리 엄마는 뭐 한다고 그렇게 많이 낳았는지 몰라요.

다림은 숟가락으로 아이스크림의 선을 긋는다.

다림　　　잘 봐요. 이렇게 똑같이 나누는 것부터
　　　　　싸움의 시작이에요.
　　　　　좀 편하게 바라보면서 먹은 적이 없어요.

오빠들은 후다닥 먹어치우고

내 거를 빼앗아 먹으려고 난리를 치죠. 지겨워.

정원은 다림을 보고 웃으면서

다림이가 나눈 선 안쪽을 먹는다.

다림도 선 바깥쪽을 천천히 퍼서 먹는다.

다림은 사진관에 있는 지원과 정숙의 사진을 본다.

다림   (사진을 가리키며) 아저씨, 저기 저 여자요.

             아카시아 냄새 맡으면서 같이 걸었던 여자죠?

정원   왜 그런 생각을 했어?

다림   여자의 직감이죠.

정원은 다림을 보며 웃는다.

다림   맞죠.

정원은 아무 말 없고 그저 웃기만 한다.

다림   아저씨는 웃는 걸로 다 때우려고 해.

정원   아가씨랑 노니까 정말 재미있다.

다림   나도 아저씨랑 노니까 편해요.
정원   사진이 다 나왔겠는데.

정원이 웃으며 일어난다.

S#46.   음식점   / 낮

차들이 주차된 음식점 앞 거리.
다림과 효정이 웃으며 안으로 들어가려 한다.
음식점 안에서 식사를 하다 만 사람들이 뛰어나온다.
다림은 무어라 말을 하려 하지만 사람들은 허둥지둥
세워놓은 차에 올라타 차를 뺀다.

효정   다른 데 가서 먹자.

효정과 다림은 다른 곳으로 발길을 옮긴다.

S#47.   동네 공터의 나무 그늘   / 낮

동네의 나무 그늘에 차를 주차해 놓고

한낮의 더위를 피하고 있는 다림과 효정.
효정은 의자를 뒤로 젖히고 누워 있고,
다림은 차 밖으로 나와 나무 그늘에 앉아 있다.
정원이 인적 없는 골목을 들어서다가
다림을 보고 웃는다.

정원   여기서 뭐 해?

다림   너무 더워서 쉬고 있어요. 어디 갔다 오세요?

정원   응. 시장.

다림   아저씨가 시장엘 가요?

정원   난 음식 잘해.

다림   (웃으며) 정말요?

다림은 정원의 비닐 봉투 안을 뒤져본다.

다림   이거 마늘종 아냐?
       아저씬 이런 것도 할 줄 알아요?

정원   먹을 정도는 돼.

다림이 재미있어하면서 비닐을 뒤진다.
누워 있던 효정, 일어나 다림과 정원의 모습을 본다.

밝은 햇살 속에서 등나무 잎들이 바람에 살랑거리며
두 사람의 얼굴 위로 그림자를 흔들어댄다.

       사진관 앞   / 해 질 녘

해가 지고 정원은 소파에서 일어나 사진관 앞을
쓸기 시작한다. 주차단속 차량인 티코가 멈춰 서고,
효정이 운전석에서 내려 정원에게 필름을 내민다.

정원, 차 안을 살펴본다. 조수석에 앉아 있는 다림은
눈을 감고 유리창에 기대 있다.

효정   다림인 자요. 오늘 일이 많았거든요.
          안 깨웠다고 혼나겠는데요.

효정은 정원에게 필름을 건네주고 차를 타고 떠난다.
정원은 다림이 안쓰러운지 다림을 바라본다.
출발하는 차.
주차단속 차량이 정원의 시선에서 사라질 때쯤
창문 밖으로 흔드는 다림의 손이 보인다.

S#49.　　　　　태권도장　　　　　/ 저녁

어린아이들의 우렁찬 기합 소리.
한 꼬마가 앞차기를 하다가 뒤로 발랑 자빠지고
아이들도 웃는다. 정원, 창밖에서 철구의 동작에 맞춰
따라 하는 아이들의 모습을 바라보다 웃는다.

S#50.　　　　　일식집　　　　　/ 저녁

방 안에 마주 앉은 두 사람.
아가씨가 부지런히 음식을 상 위에 차려놓는다.

철구　　　　여기 괜찮지?

정원은 자기 앞에 놓인 죽을 먹기 시작한다.

정원　　　　너하고 이렇게 술 마시는 것도
　　　　　　정말 오래간만이다.
철구　　　　결혼한 뒤로 처음인 것 같은데.
정원　　　　그래. 너 제대하고 할 일 없을 때
　　　　　　매일 갔던 그 술집 기억 나냐?

철구   학교 앞에? 주인 딸이 예뻤잖아.

정원   너 그 아가씨 따라다니며

       노태우 선거 운동까지 했잖아.

       둘은 서로 마주 보며 웃는다.

철구   몇 해 전인 것 같은데, 벌써 10년이 지났어.

정원   그만큼 나이를 먹은 거야.

       술을 따라주는 철구. 서로의 잔이 오간다.

S#51.   일식집 앞   / 밤

       문을 열고 나오는 두 사람.

철구   한 잔 더 해야지.

정원   그만하자. 내 몸이 예전 같지 않아.

철구   자식, 웃기네.

       스물아홉 살 마지막에 너랑 나랑 뭐라 그랬나?

       둘은 서로의 눈을 마주치며 의미심장하게 웃는다.

정원, 철구   술 먹고 죽자!

둘은 소리 내어 웃으면서 서로의 어깨를 걸고
길을 간다. 둘은 골목으로 들어가 나란히 서서
오줌을 싼다. 철구가 정원에게 바싹 붙으면서
머리를 맞댄다.

철구   정원아. 우리 마누라가 이상한 말을 하던데.
정원   뭘?
철구   정숙이한테 들었다면서 뭐라고 하는데
          도대체 무슨 일이냐?

정원은 옷을 추스르면서 철구를 바라본다.

철구   너한테 무슨 안 좋은 일이 있냐?

정원은 철구와 바싹 어깨동무하고
철구의 귀에 대고 작은 소리로 이야기를 한다.
말을 다 들은 철구는 정원의 팔을 풀고
한 걸음 물러선다.
정원을 한동안 멍하니 쳐다보는 철구.
정원, 철구를 보고 씩 웃는다.

철구   웃지 마. 이 자식아.

정원은 철구의 어깨를 두드리며 끌고 간다.
말없이 길을 가는 두 사람의 뒷모습.

S#52.   파출소   / 밤

늦은 밤의 파출소는 어수선하다.
의자에 철구와 정원이 앉아 있다.
철구는 자고 있고 정원은 오가는 사람들을
노려보고 있다.

술에 취한 중년의 남자가 경찰에게 끌려온다.

남자   술 먹고 운전한 것도 죄냐?
가두려면 가둬. 새끼들아. 내가 무서운 게 있으면
술을 처먹지도 않았다. 개새끼들아.

의자에 앉혀진 남자는 조용해진 주위의 분위기에
약간 주눅이 들기 시작한다. 눈치를 보던 남자가
슬그머니 일어나 비틀거리며 경찰에게 간다.

남자   아저씨, 이런 말을 해도 될지 모르지만,

           난 이 동네 민정당 조직책인데,

           이런 거 밝히기는 싫은데.

           경찰관은 그를 보고 어이없다는 듯 웃는다.

경찰관   아저씨, 앉아 계세요.

남자   민정당 조직책이면 뭐 어떻게 안 되나.

경찰관   그래서 어쩌란 말이에요!

           저 아저씨가 민정당 없어진 지가 언젠데….

           조용히 하세요.

정원   (큰 소리로) 니미 씹이다. 조용히 하라고?

           내가 왜 조용히 해!

           사람들 눈이 휘둥그레지며 정원을 쳐다본다.

           소란에 잠이 깬 철구가 정원의 어깨를 잡고 말린다.

           계속해서 소리를 지르는 정원.

           정원은 철구를 끌어안고 울기 시작한다.

S#53.   정원의 집 마루   / 낮

아침 볕이 내려앉은 마당과 마루.
전화벨이 울리고 있다. 방문이 열리고
잠이 덜 깬 얼굴의 정원이 나와 전화를 받는다.

정원   여보세요? 철구냐? …파출소 갔었냐…?
포장마차 들어갈 때까지는 기억이 나는데….
주차단속? …기억이 안 나는데….
…그래, 다음에 또 전화하자.

전화를 끊고 자리로 돌아가 눕는 정원.
천장을 쳐다보며 어제의 기억을 더듬어본다.

S#54.   거리   / 낮

봉고차에 탄 주차단속원이 불법 주차된 차 뒤에서
마이크를 들고 방송한다.

소리   칠이사팔, 세피아. 칠이사팔, 세피아 차량
이동해 주세요.

차 안에 있는 단속원들 네 명의 고개가
모두 가게 한곳으로 돌아가 있다.
잠시 후 한 여자가 뛰어나와 운전석에 올라탄다.

철이와 다림은 뒷좌석에 나란히 앉아 있다.
마이크를 들고 있는 철이. 다림 쪽으로 고개를 돌린다.
철이 쪽으로 고개를 돌리고 있던 다림과
눈이 마주치자 싱긋 웃는다.
고개를 다른 쪽으로 돌리는 다림.

앞에 주차된 차 뒤로 가서 다시 방송하는 봉고차.

소리   육육칠팔 코란도, 육육칠팔 코란도.

S#55.   사진관   / 낮

자리에 앉아 무언가 골똘히 생각에 잠겨 있는 정원.

사진관 밖에는 유니폼 차림의 다림이 나타나서
생각에 잠긴 정원의 뒷모습을 본다.
사진관 안으로 들어가려다 말고 다시 창 쪽으로 오는
다림. 장난을 치고 싶은 표정이다.
똑똑똑 유리창을 두드린다.

창 두드리는 소리에 밖을 보는 정원.
유리창에 바짝 붙어 생글거리는 다림의 모습이 귀엽다.

다림   (들리지 않고 입 모양과 손으로) 아저씨 뭐 해요?

정원   (다림의 웃는 모습을 보고 필름을 들어 보이며) 일하고 있어.

다림   (알아들은 것 같다) 나 들어가도 돼요?

정원   뭐라고?

다림   (유리창에 좀 더 가까이 붙어 입 모양을 크게 손짓하며)

            나-들-어-가-도-되-냐-구-요-

정원   (입 모양이 따라 커지며) 커피 한잔할까?

            커피! (커피 마시는 동작을 한다)

다림   (입 모양) 알았어요. 들어갈게요.

능청스럽게 창밖에서 사진관 문을 열고 들어오는 다림.

그런 다림의 모습을 보며 웃는 정원.

다림   왜 나만 보면 웃어요?

정원   귀여워서.

다림   싱겁기는.

정원, 커피포트를 꽂고 잔을 준비한다.

정원   아가씨, 일하는 게 힘들지?

다림   내 이름은 아가씨가 아니고, 다림이에요.

정원   힘들지 않아?

다림   뭐 그냥 그렇고 그래요. 사람 사는 게 다 그렇죠.

            자기 뜻대로만 살 수 없더라고요.

정원   참나, 애늙은이네.

다림   아저씨, 사는 게 재미가 없죠?

정원   나도 뭐 그냥 그래….

다림   고등학교 때도 지금처럼 별 볼 일 없었어요….
            그냥 그렇게 사소해요. 아등바등 유명해지는 것도
            우습고, 집이 싫어 빨리 시집이나 갈까….
            에이, 이런 얘기 하지 말자. 신경질 난다.
            참, 아저씨. 나 아저씨한테 줄 거 있어요.

            다림, 핸드백에서 초콜릿을 꺼내 정원에게 건네준다.

다림   선물이에요.

정원   근데 어떡하지. 난 아무것도 줄 게 없는데.

            다림, 정원을 빤히 쳐다본다.
            커피 물이 끓는다.

S#56.   사진관 촬영실   / 낮

            사진기의 까만 프레임 내부에
            다시 네모난 공간을 만들고 그 안에
            거꾸로 상이 맺혀 있는 다림의 모습이 보인다.
            화면 밖에서 정원의 소리가 들린다.

정원   얼굴을 조금만 왼쪽으로,
         조금만 더, 턱 좀 내리고….

         그때마다 다림은 조금씩 움직인다.

정원   살짝 웃으면 더 예쁘겠는데.

         다림, 애써 웃으려 하지만 잘 안되고 어색하다.
         그래도 잠시 동안 화면을 보고 웃는데
         정원이 놓치지 않고 셔터를 누른다.

S#57.   거리   / 밤

         화장품 가게 안의 다림. 화장품을 고르고 있다.
         이것저것 신중하게 고르다 주인에게 값을 묻고는
         선택을 망설인다.
         끝내는 아무것도 사지 못하고 화장품 가게를 나온다.

         길가에 늘어선 옷 가게들의 쇼윈도를 보면서 걷는
         다림. 신사복을 파는 가게 앞에서 발길을 멈춘다.
         남자 옷을 바라다보는 다림.

그녀는 누군가를 생각하고 있다.

        다림의 집   / 밤

침대에 엎드려 여성 잡지를 보고 있는 다림.

대강 사진만 보고 있다. 다림, 책을 한쪽에 치워놓고

일어나 가방에서 사진을 꺼낸다.

정원과 다림의 사진이다.

다림, 책갈피에 끼워놓고 좁은 방 안을 걸어본다.

다림은 세 발짝도 못 가서 벽에 부딪히고 만다.

벽 앞에서 스르르 주저앉는 다림.

        사진관   / 낮, 비

사진관 창으로 빗줄기가 거세게 부딪친다.

우산을 쓴 한 가족이 사진관 문을 열고 들어온다.

우산을 접고 들어오는 가족들은 순식간에

사진관 안에 꽉 들어찬다.

엄마 품에 안긴 아기부터 어린 꼬마들, 부부,

할머니까지 4대가 모인 것 같다. 어린아이들은

그 수선 속에서도 사진관을 휘젓고 다닌다.
어른들의 나무라는 소리. 정신이 없다.
잠시 후, 카메라 앞에 온 가족들이 자리를 잡고
서 있다. 곱게 한복을 입은 할머니가 가운데 앉고
그 옆에 대여섯 살의 손자, 손녀들.
그리고 솜털이 부숭부숭한 중고등학생 손자들.
장가든 손자와 아기를 안은 손자며느리, 아들들 내외.
플래시가 세 번 터지고 가족들이 일어선다.
큰아들과 며느리가 할머니를 자리에 앉힌다.

며느리   어머니, 독사진 찍으세요.

할머니는 아들 내외의 권유에 마지못해
자리에 앉는다. 카메라 뒤에는 정원과 가족들이
할머니를 지켜보고 있다. 손자, 손녀들이 키득거린다.

어색하게 안절부절못하는 할머니.

S#60.   거리   / 낮, 비

빌딩 주차장에 서 있는 티코 차량.

차 안에는 앞 좌석에 철이, 그 옆에는 효정,
뒷좌석에 다림이 앉아서 햄버거를 먹고 있다.

철이   엄청나게 온다. 비가 오니까 한잔하고 싶어지는데요.
         효정 씨, 다림 씨. 이따가 한잔 어때요?
효정   괜찮죠.
철이   다림 씨, 같이 가는 거죠?
다림   난 술 못 마셔요.

철이는 다림을 룸미러로 흘깃 보고는
어쩔 수 없다는 듯 고개를 돌린다.

철이   그러면 피자 먹으러 가는 건 어때요?

다림은 아무 말 없이 차창 밖에
비 오는 모습만 보고 있다.

S#61.   거리 - 오토바이 수리점 - 거리   / 낮, 비

비 오는 거리를 걷고 있는 다림.
길 건너 오토바이 수리점에 정원이 보인다.

다림은 길을 건너 정원이 있는 곳으로 달려간다.
정원의 스쿠터를 수리공이 손보고 있고 정원은
비에 홀딱 젖은 채로 그 모습을 지켜보고 있다.
정원의 등 뒤로 다림이 다가온다.

다림   아저씨.

정원   어… 여기 웬일이야.

다림   꼭 아저씨를 만날 것 같더라고요. 내 예감이 맞았어.

정원   잘 왔다. 우산 좀 빌려줘.

다림   나는 어떡하라고요.

정원   그러면 사진관까지 나 좀 바래다줘.

다림   맨입으로?

정원은 웃으면서 다림의 우산을 받아 쥐고
함께 우산을 쓰고 오토바이 수리점을 나선다.

바람이 불어 정원이 쥔 우산대가 자꾸만 다림의
이마를 친다. 정원은 당황하고, 다림도 어색해진다.
정원이 우산대를 고쳐 잡지만 우산대는 계속
다림의 이마에 부딪힌다. 당황하는 정원.
다림은 이마를 치는 우산대와 정원의 당황하는
모습을 보고 푸하하 웃음을 터트린다.

다림   아저씨, 이따가 일 끝내고 올 거니까 술 사줘요.
정원   그래.

빗속을 걸어가는 두 사람의 뒷모습.

S#62.   사진관   / 밤

창밖을 내다보는 정원.

빗줄기가 많이 약해졌지만,
약속을 한 다림은 나타나지 않는다.

가게를 정리하고 있는 정원.
사진관 문이 열리고 아까 그 할머니가 쭈뼛거리며
들어온다.

할머니   저기… 끝났어요?
정원   아뇨, 낮에 오신 분이시죠?
할머니   부탁이 있어서 왔는데.

할머니는 오후의 그 옷이 아니라
예쁜 한복에 화장까지 한 모습이다.

할머니   아까 찍은 사진이 영 마음에 걸려서….
정원   다시 찍으시려고요?
할머니   내 나이가 여든일곱이유.
            이제 갈 준비도 해야 되는데, 아까 사진은 영….
정원   이리 오세요. 다시 찍어드릴게.
할머니   곱게 나와야지, 죽은 다음에
            애들이 그 사진으로 날 기억할 텐데….

정원은 카메라와 조명을 준비한다.

정원   할머니, 앉으세요.

할머니가 앉자 정원이 조명을 켠다.
할머니는 어색한지 인상이 주눅 들어 있다.

정원   할머니, 웃으세요.

할머니   웃어야 되는데, 이거 원….

           먼저 간 사람들 사진을 보면 다들 그렇게

           인상들을 쓰고 있어서 난 그렇게 하지 말아야 되는데.

정원   할머니. 영정에 쓸 사진이라고 생각하니

           좀 쓸쓸하시지요?

할머니   이제 나도 가는구나… 이런 생각이지.

           내 어머니도 갔고, 이제 내가 가는데 뭘.

           할머니의 입가에 미소가 어린다.

           할머니 얼굴에 터지는 플래시 불빛.

정원   (할머니 얼굴을 바라보고는 필름을 갈아 끼우며)

           할머니, 잠깐만요.

S#63.   사진관 밖   / 밤

           비 오는 사진관 밖 거리. 스쿠터가 비를 맞고 서 있다.

           사진관 안쪽에서 터지는 플래시 불빛이

           사진관 유리를 통해 밖으로 새어 나온다.

           잠깐의 사이를 두고 또 한 번 새어 나오는 불빛.

정원 방의 미닫이문이 열리고
속옷 차림의 정원이 마당으로 나온다.
비는 아직도 추적추적 내리고 있다.
정원은 마루 끝에 앉아 있다가 일어나서 불이 꺼진
아버지 방문을 살살 연다.
어슴푸레 보이는 아버지의 얼굴. 작게 코를 골고 있다.
아버지를 바라보다가 문갑 위에 놓인 담배를 찾는
정원. 담배를 집어 들고 방문을 닫고 마루로 나온다.

마루 끝에 걸터앉아 담배를 피우는 정원.
깊게 한 모금을 들이켠다.

마당의 화분들 위로 빗방울이 떨어진다.

다시 깊게 한 모금을 들이켜는 정원.
어지러운지 마룻바닥에 몸을 눕힌다.
불이 꺼진 집 안은 조용하고 빗소리만 들린다.

S#65.   초등학교 운동장   / 밤

아무도 없는 텅 빈 운동장 위로 비가 내린다.

내레이션   시간이 얼마 안 남았는데,
          나는 긴 시간이 걸리는 사랑을 시작하고 있다.

S#66.   정원의 방   / 밤

창문을 두드리는 빗방울 소리가 시끄럽다.
천둥소리에 이어 벼락 치는 소리.
잠에서 깨어나는 정원.
방문을 열고 마당을 바라본다. 번쩍이는 번개.
자리에서 일어나 방 안을 서성이는 정원.
정원의 얼굴 위로 번갯불이 번쩍거린다.
그리고 잠시 후 찢어지는 천둥소리가 들린다.

정원, 다시 자리에 누워 잠을 자려고 눈을 감지만
천둥소리는 계속 이어진다.

초등학교 운동장   / 밤

S#67.   안방   / 밤

안방 문이 스르르 열리고 베개를 한 손에 쥔
정원이 들어온다. 빗소리와 천둥번개에도 아버지는
깊은 잠에 빠져 있다.
정원은 아버지 옆에 조심스레 누워 눈을 감는다.

S#68.   초등학교 운동장   / 낮

바람에 흔들리는 미루나무 잎들이 햇살에 반짝이고
있다. 운동장에는 군데군데 물웅덩이가 생겼다.
고인 물 위로 하늘이 비치고 구름이 흘러간다.

S#69.   사진관 밖   / 낮

유리창 너머로 정원이 사진들을 정리하는
모습이 보인다. 다림, 창밖에서 정원을 바라보다
문을 열고 들어간다.

다림, 정원에게 필름을 건네준다.

다림　　　아저씨, 어제 내가 안 와 삐졌죠?

정원　　　(웃으며) 왜 안 왔어?

다림　　　그냥 오기 싫어서 안 왔어요.

　　　　　일하러 갈게요.

　　　　　정원이 뭐라고 말할 새도 없이

　　　　　사진관 밖으로 나가는 다림.

교외의 한적한 음식점.

나무 그늘이 시원한 평상 위에 일곱 명의 남자들이

모여 앉아 있다.

정원과 철구 그리고 친구들이 보인다.

음식을 거의 다 먹고 술을 마시는 중이다.

이야기에 열중하고 있는 친구들을 두고

정원은 옆자리의 빈 평상에 몸을 기댄다.

민구가 정원이 있는 곳으로 다가와 앉아

담배를 피운다.

실눈을 뜨고 민구를 보며 웃는 정원.

민구   오랜만에 모이니까 좋구먼.

정원   철구가 연락했지?

민구   응. 너 하는 일은 잘 되냐?

정원   잘 모르겠어.

민구   정말 아차 하면 끝이야.

           서울역 지하차도가 남의 일이 아니라고.

정원   넌 일 좀 하냐?

민구   인생의 반을 살았는데, 갈수록 어렵다.

           장가가기도 힘들 것 같고.

정원   그래, 따지고 보면 많이 살았어.

          34년이나 살았으니.

민구   여자는 있냐?

정원   없어.

민구   너 옛날에 그 아가씨는 참 아까웠는데….

          음식이 있는 평상에서는 왁자지껄하다.

          화투를 치기 시작한 모양이다.

          푸르른 나무들 사이로 해가 뉘엿뉘엿 지기 시작한다.

S#72.   사진관   / 밤

          정원의 친구들이 카메라 앞에 나란히 서 있다.

          아까의 왁자하던 모습은 간데없고 모두 조용하다.

          정원이 카메라를 맞춰놓고 친구들 사이로 간다.

철구   좀 웃어라, 웃어. 누구 죽었냐.

          정원과 철구만이 활짝 웃고

          나머지는 억지로 웃는 낯이 된다.

S#73.   정원의 집   / 밤

부엌만 불빛이 밝혀 있고 집 안은 조용하다.
냉장고에서 물을 꺼내 컵에 따라 약을 먹는 정원.
싱크대를 보니 설거지를 안 해서 그릇들이 쌓여 있다.
정원은 그릇들을 하나하나 설거지하기 시작한다.
얼마 안 있으면 다시는 못 만져볼 물건들이다.
달그락거리는 그릇 소리가 부엌을 새어 나간다.

S#74.   정원의 집   / 밤

텔레비전 앞에 앉아 있는 아버지.
정원이 안방에 들어선다.

정원   아버지, 안 주무세요?
아버지   야… 이거 정말 어렵구나.
정원   왜요?
아버지   조금 있다가 〈콰이강의 다리〉를 하는데
         그걸 예약 녹화해야 내가 잠을 자지.
정원   그거 보려고 아직 안 주무셨어요?
아버지   네 어미하고 봤던 영화잖아.

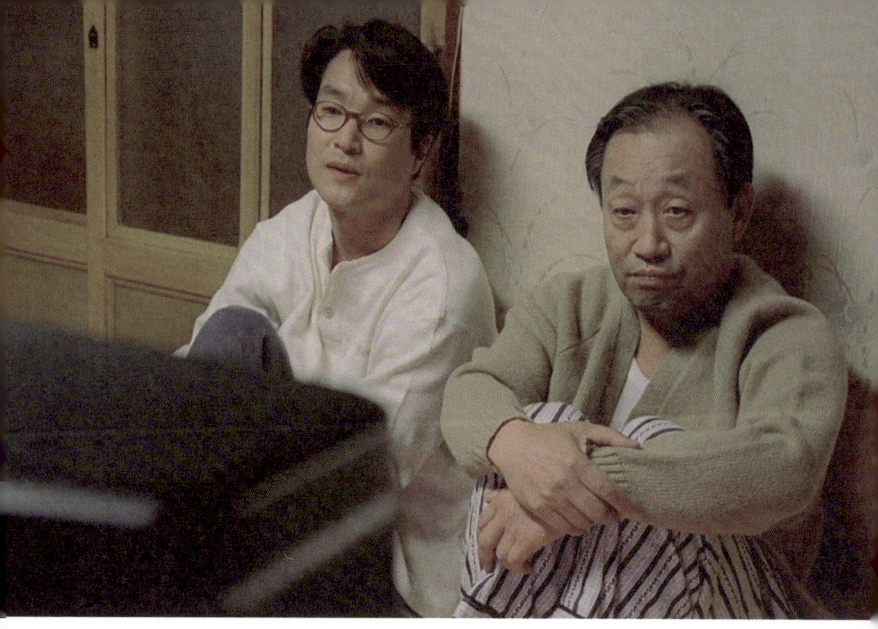

정원   (웃으며) 제가 해드릴게요.

텔레비전 앞에 앉아 예약 녹화를 하는 정원.
아버지는 정원이가 하는 모습을 지켜본다.

정원   이제 아버지가 한번 해보세요.

아버지는 순서를 기억하지 못하고 자꾸 틀린다.
정원이가 가르쳐주고 아버지는 반복해서
따라 하지만 제대로 작동을 시키지 못한다.

백지에다 비디오 작동법을 큰 글씨로 그리는 정원.
아버지, 그 종이를 들고 비디오를 작동시켜 본다.
이번엔 성공이다.

S#75.　　　정원의 집　　　　/ 낮

비가 개고 맑은 하늘.
정원은 마당의 수돗가에서 쌀을 씻고 있다.
쌀뜨물이 하얗게 시멘트 바닥을 흘러간다.

S#76.　　　권투 도장　　　　/ 낮

아무도 없는 권투 도장 안.
텅 빈 링을 배경으로 바싹 마른 청년이
손에 붕대를 감고 포즈를 취하고 있다.

정원　　　(웃으며) 다시 한번 더요.

권투 선수인 청년은 폼을 잡으며
다시 카메라 앞에 포즈를 취한다.

S#77.   사진관 밖   / 저녁

사진관 안을 기웃거리는 다림.
문은 열려 있지만, 사진관에는 아무도 없는 것 같다.

S#78.   사진관 안   / 저녁

다림, 문을 열고 들어오면 텅 빈 사진관.
소파에 앉는 다림. 곧 일어서서 테이블을 정리하고
바닥을 쓸기 시작한다. 정원이 비닐 봉투를 들고
들어온다. 다림을 보고 놀라는 정원.
다림은 평소의 옷차림과는 다른 모습이다.

정원   화장했네.
다림   왜, 보기 싫어요?
정원   아니.
다림   ….

잠시 둘 사이에 어색한 침묵이 흐른다.
정원은 비닐 봉투에서 무엇인가 주섬주섬 꺼낸다.
캔맥주와 마른안주다.

다림   혼자 술 마시려고요?

정원   다림이는 술 마시나?

다림   잘 마셔요.

정원은 웃으면서 캔맥주를 하나 건네준다.

정원   잘됐네. 혼자 먹기도 그랬는데.

다림은 정원이 먹기 좋게
대구포 안주를 잘게 찢어놓는다.

정원   여자랑 이렇게 술 마시는 게 오랜만인데.

다림   혹시 처음 아니에요?

정원은 다림을 보며 웃는다.

다림   아저씨, 쉬는 날 뭐 해요?

정원   잠자.

다림   하루 종일 잠만 자요?

정원   응.

다림   아저씨. 여자들이 재미없는 남자
       싫어한다는 거 알아요?

정원은 그저 웃기만 하면서 맥주를 마신다.

다림   내가 얘기 안 했나?
           롯데월드에서 일하는 친구가 있거든요.
           도날드 인형 쓰고 애들하고 놀아주는 거예요.
정원   그거 굉장히 더울 텐데….
다림   롯데월드 가면 걔가 공짜로 표 얻어다 준다고
           그랬거든요. 근데….

           다림이 말을 잘 잇지 못한다.

정원   근데?
다림   그냥 그렇다고요. 언제 한번 가긴 가야 하는데,
           시간이 나야 말이죠.

           정원과 다림, 잠시 말이 없다.

S#79.   놀이공원(롤러코스터)   / 낮

           롤러코스터를 타고 있는 정원과 다림.
           정원과 다림의 아우성치는 모습.

달리는 롤러코스터에 탄 정원의 시점으로
보이는 풍경. 심하게 흔들리며 빠르게 지나가던 풍경이
고속촬영으로 흔들림과 속도가 서서히 줄어들면서
화면도 어두워진다.

S#80.   놀이공원 벤치   / 낮

정원과 다림이 하드를 먹으며 말없이 앉아 있다.
사이를 두고 앉은 둘의 모습이 어색해 보인다.

멀리 텅 빈 운동장을 가로질러 뛰어가는
정원과 다림의 모습이 보인다.

운동장을 달리고 있는 다림과 정원.
정원은 얼마 못 가서 자리에 멈춰 서
가쁜 숨을 고르고 있다.
정원을 뒤에 두고 달리는 다림.

혼자서 운동장을 달리는 다림.

운동장 나무 그늘에 앉아 있는 정원.
다림, 정원 앞으로 숨을 헐떡이며 다가온다.
다림의 얼굴은 땀으로 번들거리고 머리카락이 젖어서
목덜미와 이마에 찰싹 달라붙어 있다.
그녀는 옷을 펄렁이며 바람을 집어넣는다.

다림은 정원 옆에 앉는다. 바람이 불어오자
고개를 들며 몸을 최대한 펼쳐 바람이 온몸
구석구석에 닿도록 하는 다림. 정원은
그녀의 행동을 따라 기지개를 켜듯 몸을 펼친다.

목욕탕 앞 거리   / 초저녁

양손에 귤을 들고 목욕탕 문 앞에 앉아 있는 정원.
여탕 문으로 아줌마가 나오자 슬그머니 자리를 비켜
지나가도록 해주고는 문이 정면으로 보이는
맞은편에 가서 서 있는 정원.

문이 열리며 다림이 나온다.
방금 목욕을 해서 얼굴이 뽀얀 다림.

다림   벌써 나왔어요?

남자가 역시 빠르기는 빠르구나.

정원은 다림에게 귤을 내민다.
웃으면서 귤을 받아 드는 다림.

          골목길   / 저녁

밤길을 걷는 정원과 다림.
간간이 보안등이 켜져 있지만 인적은 없다.

정원   초소에서 내 바로 밑에 애하고 보초를 서고 있었거든.
            그때도 이렇게 더운 날이었어. 한참 졸리던 판에
            어디서 방귀 냄새가 나더라고. 그래서 같이 보초 서던
            애에게 너 방귀 뀌었지 하니까 자기는 안 뀌었대.
            나보고 그랬으면서 거짓말 말라고 한참을
            옥신각신했거든. 그냥 싸우기 싫어서
            그러고 넘어갔는데, 내무반에 와서 애가 심각하게
            이야기하는 거야. 자기는 절대 안 뀌었다고.
            나도 분명 안 뀌었거든. 나중에 알고 보니까
            몇 년 전에 보초 서던 군인이 애인이 변심했다고
            목매달아 죽은 곳이래. 그 초소가….

다림은 정원의 이야기를 듣고 무서운지
정원에 바싹 붙어 걸어간다.

다림   큰일 났네.
           내일부터 무서워서 이 길을 어떻게 다니지.
           아저씨도 귀신이 무섭죠? 직접 냄새까지 맡았으니까?
정원   어떨 때는 무섭고, 또 어떨 때는 안 무섭기도 해.
           사람이 죽어서 귀신이 되는 거 아냐?
           다림이나 나도 그렇고.

그렇게 생각하면 하나도 안 무서운데.

그런데 어떨 때는 막 무서워져.

다림   아저씨 말 들으니까,

갑자기 하나도 안 무서워지는데요.

다림을 바라보고 웃는 정원.

골목길을 따라 걸어가는 두 사람의 뒷모습이 보인다.

S#84.   **종합병원**   / 낮

정원과 동생 정숙이 병원 문을 나와 걸어간다.

두 사람은 아무 말도 없다.

S#85.   **사진관**   / 저녁

사진관의 자동현상기 옆에 백지를 펴놓고

소파에 앉는 정원. 정원은 백지 위에 색색 가지

사인펜을 가지고 사진관의 자동현상기 작동법을

큰 글씨로 알기 쉽게 그리고 있다.

늦은 밤 어디선가 울음소리가 들린다.
방문을 열고 나오는 아버지.
정원의 방문 앞으로 다가가 살짝 문을 연다.
불을 켜놓은 방 안에는 정원이 이불을 뒤집어쓰고
소리 내어 울고 있다. 조용히 문을 닫는 아버지.

S#87.   사진관 앞   / 밤

잠긴 사진관 안을 들여다보는 다림.
문에는 '출장 중'이라는 팻말이 걸려 있다.
다림은 그 앞을 서성대며 기다린다.
앞에 진열된 사진들을 보다가 발길을 돌리는 다림.

S#88.   거리   / 밤

버스정류장에 서 있는 다림.
버스 한 대가 멈추어 서려다가
다림이 탈 기미가 안 보이자 그냥 지나친다.

S#89.   효정의 집   / 밤

방에 누워 있는 효정과 다림.

다림   이런 방 얻으려면 얼마나 있어야 해?
효정   여긴 얼마 안 해. 너 집 나오려고?
다림   응.

효정   그러면 너 나하고 합치자.

     원룸으로 갈 수 있을 거야.

다림   괜찮기는 한데….

누워서 천장을 바라보고 있는 다림.
다림, 갑자기 어떤 생각이 났는지 효정에게
고개를 돌리고 웃으며 말한다.

다림   너 귀신 이야기 해줄까?
효정   귀신 이야기?
다림   응. 너 귀신 봤어?
효정   아니.
다림   귀신을 본 사람은 많아도
         냄새를 맡은 사람은 별로 없을걸.
효정   냄새? 우와, 귀신도 냄새가 있어?
다림   내 손 꼭 잡고 들어봐.

S#90.   사진관 앞   / 낮

다림은 필름 통을 손에 쥐고 사진관 앞에 서 있다.
문은 여전히 잠겨 있다.
차 경적 소리가 들리고 다림은 머뭇거린다.
계속되는 경적 소리.
깜빡이등을 켠 채 주차하고 있는 단속 차량에서
철이가 고개를 내밀고 다림을 부른다.

S#91.   정원의 집   / 낮

정숙과 그의 남편 석희가 마루에 올라선다.
아버지는 부엌에서 나와 그들을 따라
방 안으로 들어간다.

석희   아버님. 빨리 가야 돼요.
          여보, 간단하게 속옷만 챙겨요.
정숙   아빠, 오빠 옷들 어디 있어?
아버지   그건 놔둬라. 내가 할게.
          너희는 어서 정원일 차에 태워라.

정숙과 석희가 정원을 부축하며 마루로 나간다.
방 안에 홀로 남은 아버지는 옷장에서
정원의 속옷을 꺼낸다. 하얀 속옷들을 꺼내며
차근차근 개는 아버지. 장롱 위에서 가방을 꺼내어
먼지를 털고, 정원의 속옷을 그 안에 넣는다.
정숙이 방으로 들어온다.

정숙   아빠. 그릇하고 담요를 가져가야지.
아버지   너무 많이 가져가지 마라. 어떻게 될지 모르니.

가방을 들고 마루로 나가는 아버지와 정숙.

그들이 나가고 텅 빈 정원의 이부자리만이
헝클어진 채로 남아 있다.

S#92.   구청 식당   / 낮

식판을 들고 식탁으로 가서 앉는 다림과 효정.
그들이 앉는 것을 기다렸다는 듯이
철이가 다림 옆으로 와 앉는다.

철이   같이 식사해도 되죠?

효정   앉으세요.

철이   다림 씨, 다음 주에 로테이션 되는 거 아시죠?

다림   잘 되었네요. 철이 씨 얼굴 안 봐도 되니까.

         그런데 어디로 간대요?

철이   아직 안 정해졌을걸요.

         다림 씨는 무슨 섭섭한 말씀을 그렇게….

효정   그러다 둘이 정든다….

         그러나저러나 이번에는 어디로 가려나.

철이   떠나기 전에 술 한잔해야죠.

(웃으며) 근데 다림 씨 보고 싶어서 어떻게 하죠?

다림은 철이의 말은 듣지 않고 창밖을 보며
다른 생각을 하는 것 같다.

S#93.　　　　다림의 방　　　／ 저녁

호출기 번호를 보고 전화를 하는 다림.
메시지를 확인한다. 철이의 목소리.

소리　　　　다림 씨, 저 철인데요.
　　　　　　저, 연락 좀 주세요.

다림, 메시지를 지우고 창밖을 본다.
일어나 담배를 피우는 다림.
문득 담뱃불을 끄고 책상에 앉아 생각에 잠긴다.
다림, 책상 서랍을 연다. 예쁜 편지지들.
그중에 한 장을 고른다.
다림은 잠시 망설이다 편지를 쓰기 시작한다.

초원 사진관
Kodak
325 5767

후지필름
초원ㅅ
중명·여권일
돌·백일
사진확대
출장촬영
비디오촬영

S#94.   차 안   / 낮

다림의 시점으로 사진관을 스쳐 지나간다.
굳게 닫힌 사진관.
다림, 고개를 돌려 사진관을 바라본다.
철이에게 차를 세워달라고 한다.

S#95.   사진관 앞 도로   / 낮

차에서 내려 사진관 쪽으로 뛰어가는 다림.

S#96.   사진관 앞   / 낮

문 닫힌 사진관. 사진관 안을 들여다보는 다림.
정원은 없다.
다림은 가방에서 편지를 꺼내어 문틈으로 집어넣는다.
그러나 좁아서 들어가지 않는다.
편지 겉봉이 많이 구겨진다. 다림은 구겨진 봉투를
가방에 넣은 뒤 새 봉투에 편지를 넣고
몸을 구부려 문 밑으로 집어넣는다.

문안으로 들어가는 편지.

네 명의 환자들이 같이 쓰고 있는 병실에는
보안등만이 희미하게 켜져 있고
나직하게 코 고는 소리가 들린다.

정원은 창가에 누워 있고 보호자 간이침대에는
정숙이 앉아 정원을 바라보고 있다.
잠을 자고 있는 정원의 얼굴. 좋은 꿈이라도
꾼 듯이 정원은 살며시 미소 짓고 있다.
잠에서 깨어나 눈을 뜨는 정원.

정숙   오빠. 깼어? 아프진 않지?
정원   응.

정원은 멀뚱히 천장을 바라본다.

정숙   무슨 생각해?
정원   갑자기 아카시아 냄새를 맡고 싶어.
          아파트가 들어서기 전 삼거리 동산이 있었잖아.
          밤늦게 버스가 지나갈 때는 아카시아 냄새가
          바람을 타고 버스 안으로 들어왔었어.
정숙   오빠, 요새… 어떤 아가씨하고 친하게 지낸다며?
          연락해서 오라고 할까?
정원   됐어. 보고 싶은 사람 없어.

눈을 감는 정원.
정숙이 정원에게서 고개를 돌려 창밖을 본다.

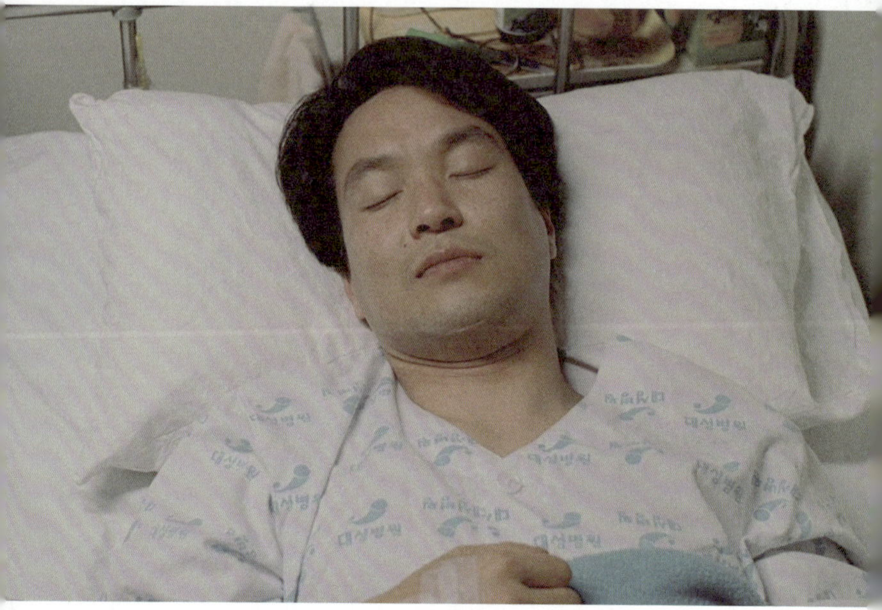

S#98.   사진관   / 낮

잠긴 사진관 앞에서 서성거리는 다림.
다림은 닫힌 사진관 문의 손잡이를 잡고 흔들어본다.

S#99.   다른 사진관   / 낮

가만히 의자에 앉아 사진이 나오기를
기다리고 있는 다림.

소리   사진 나왔어요.

다림, 소리를 듣지 못했는지 아무런 반응이 없다.

S#100.   호프집   / 저녁

다림과 효정, 철이와 몇 명의 사람들이 앉아 있다.
모두들 떠들고 웃는다.
다림은 자기 앞에 놓인 맥주를 계속 마신다.

효정   다림아. 너 취하겠다.

        다림은 웃으며 잔을 비운다. 철이가 기분이 좋아
        다림에게 술을 따라주고, 다림과 철이는 잔을
        부딪친다. 단숨에 비우는 두 사람.

철이   다림 씨, 한 잔 더 해요.
다림   좋아요.
철이   난 안 따라줘요?

        다림은 웃으면서 술을 따라준다.

철이   다림 씨, 마셔요.

        사람들은 모두 잔을 채우고 건배를 한다.
        다림은 약간 비틀거리며 일어선다.

철이   다림 씨, 어디 가요?
다림   화장실 가요.

        다림이 일어서자, 효정도 따라 일어선다.

화장실 문을 열고 나오는 다림. 세면대 앞에 선다.
거울에 비친 자신의 모습을 보다가
울음을 터트린다. 어깨를 들썩이며 우는 다림.

사진관 앞에 서 있는 다림. 한참을 서 있다.
다림은 발길을 돌려 한쪽 길로 사라진다.
다림이 사라진 사진관 전경.

잠시 후 갑자기 다림이 다시 돌아와
유리창에 무언가를 던진다. 깨지는 사진관 유리창.
멍한 표정으로 깨진 유리창 안을 바라보는 다림.

S#103.   도로 위 차 안   / 낮

승용차의 뒷좌석에 앉아 있는 정원.
그는 고개를 돌려 차창 밖의 풍경을 보고 있다.
운전석에는 석희, 그 옆에는 정숙이 있다.

차가 동네 입구에 들어서자 정원은
길 가는 사람들을 유심히 바라본다.

S#104.   사진관 앞   / 낮

정원, 사진관 앞으로 걸어온다.
'외출 중'이라는 팻말을 물끄러미 보고 나서
사진관 문을 여는 정원.

S#105.   사진관 안   / 낮

소파에 앉아 다림의 편지를 읽는 정원.
간간이 미소 지으며 다림의 편지를 읽는다.
편지를 다 읽고 곱게 접어 봉투 속에 넣는다.

편지를 바라보는 정원.

사진관 밖으로 나간다.

S#106.   **구청 앞**   / 낮

멀리 스쿠터를 타고 구청으로 들어가는 정원이 보인다.
정원은 구청에서 나오는 주차단속원들을 보자
뭐라고 물어본다.

S#107.   **찻집**   / 낮

거리가 보이는 찻집. 정원, 창가에 앉아
창밖을 내다보고 있다.
유리창에 반사된 정원의 얼굴.
얼굴 너머로 멀리 분주하게 일하고 있는
다림이 보인다.
정원, 손가락을 가만히 유리창에 갖다 대본다.
다림이 움직이는 대로 따라 움직이는 손가락.

S#108.   암실   / 낮

현상액 속에 인화지를 넣는 정원.
서서히 사진의 형체가 드러나면서
다림의 얼굴이 보인다.
전에 정원이 찍어준 다림의 증명사진이다.
현상액 속에서 웃고 있는 다림의 얼굴.

S#109.   정원의 집 마당   / 낮

잎새가 다 떨어지고 가지만 남은 화초들이
화분에 담겨 마당에 놓여 있다.
카메라가 마루로 천천히 이동하면
정원이 바가지를 앞에 놓고 만년필을 만지고 있다.
만년필의 촉을 빼고 안을 분해하자
말라붙은 잉크가 덩어리져 있다.
잉크가 말라붙은 심을 물이 담긴 바가지에 담자
투명한 물에 잉크가 번진다.

S#110.　　　　　사진관　　　　　/ 낮

정원은 테이블 위에 편지지를 놓고 편지를 쓰고 있다.
다 쓴 편지를 곱게 접어 봉투에 넣는 정원.

S#111.　　　　　슈퍼마켓 앞　　　　　/ 낮

카운터 의자에 나란히 앉아 있는 철구와 정원.
지나가는 사람들을 본다.

철구　　그 주차단속원 아가씨,
　　　　너 입원하고 안 보이더라.
정원　　그만뒀대?
철구　　야, 벌써 가을이 다 갔네.

정원은 길가의 앙상한 가지들을 바라다본다.

S#112.　　　　　사진관　　　　　/ 낮

정원은 선반 위에 있는 상자와 앨범을 꺼낸다.

자신이 학생 때 찍은 사진들 몇 장이 나온다.

한 장 한 장 앨범을 넘기면서 미소를 짓는다.

앨범을 넘기면서 정원의 미소는 점점 사라지고

눈시울이 뜨거워진다. 눈물을 글썽거리는 정원.

한 장의 사진이 앨범에 붙어 있다.

자신이 찍어준 다림의 사진.

정원, 앨범을 덮고 다림이 보낸 편지와 함께

사진을 다시 상자 속에 집어넣는다.

굳게 밀봉되는 상자.

S#113.   사진관 촬영실   / 낮

정원, 벽에 걸린 손님용 양복을 입는다.
넥타이를 매고 의자에 앉는 정원.
다시 일어나 카메라를 보고 자신의 위치를 확인하고는
자리에 앉는다.
플래시가 터진다. 한 번, 두 번, 세 번,
활짝 웃는 정원의 얼굴이 화면에 가득 찬다.
그 사진은 그대로 정원의 영정 사진으로 디졸브 된다.
활짝 웃고 있는 정원의 영정 앞에는
향불이 연기를 피워 올리고 있다.

(암전)

S#114.   사진관 앞   / 낮, 눈

눈이 내리는 사진관 앞 거리….
어딘가에서 크리스마스 캐럴이 흐른다.

사진관 문이 열리고 정원의 아버지가 나온다.
문을 잠그고 스쿠터를 타고 멀어져 가는 아버지.

초 원 사 진 관

겨울 코트를 입고 털모자와 목도리를 한 다림이
사진관 앞으로 걸어간다. 그러다 문득 다시 발걸음을
멈추고 서서히 사진관 쪽으로 걸음을 옮기는 다림.
유리창 안에서 밖을 보면 다림이 다가와 사진관 앞에
선다. 사진관 안을 가만히 들여다보다가
시선이 한곳에 머무는 다림.
놀라움이 조금씩 얼굴에 드러나기 시작한다.

돌아서 양손에 입김을 불어 넣는 다림.
활짝 웃는다.

양손을 입에 댄 채 입김을 불어 넣으며
서서히 멀어져 가는 다림의 뒷모습.
사진관 진열대에는 활짝 웃는 다림의 얼굴이
액자에 걸려 있다.

S#115.   **초등학교 운동장** / 해 질 녘, 눈

운동장 전체가 한눈에 내려다보인다.
아무도 없는 운동장 위로 서서히
눈이 내리기 시작한다. 아이들이 남긴
무수한 발자국 위로 흰 눈이 쌓여간다.

내레이션   내 기억 속의 무수한 사진들처럼,
사랑도 언젠가는 추억으로 그친다는 것을
난 알고 있었습니다.
당신만은 추억이 되질 않았습니다.
사랑을 간직한 채 떠날 수 있게 해준 당신께
고맙단 말을 남깁니다.

끝

인터뷰

〈8월의 크리스마스〉 각본과 영화 사이,
그 사소함의 미학

주성철 × 허진호 스페셜 대담

허진호 감독의 데뷔작이자 유영길 촬영감독의 유작
〈8월의 크리스마스〉(1998)는 한국 멜로 영화의
기념비적인 순간이다. 가수 김광석의 활짝 웃는 영정
사진, 그리고 황동규 시인의 시 〈즐거운 편지〉에서
출발한 이 영화는 한 남자의 죽음의 과정과 동시에
피어나는 사랑의 감정을 섬세하게 겹쳐놓는다.
한 변두리 사진관에서 아버지(신구)를 모시고 사는
정원(한석규)은 죽음을 얼마 남겨두지 않고 가족,
친구들과 이별을 준비하고 있다.
그러던 어느 날, 주차단속원 다림(심은하)을
만나게 되면서 무료했던 그의 일상에 서서히
활기가 돈다. 다림은 매일 비슷한 시간에 사진관 앞을
지나며 단속한 차량의 사진을 맡기고, 이런저런
일상의 대화를 나누며 서로 조금씩 사랑의 감정이

싹트기 시작한 것. 하지만 죽음에 다가서고 있는
남자와 이제 막 사회생활을 시작한 여자의 미래는
어긋날 수밖에 없는 운명이다.

〈8월의 크리스마스〉는 정원의 일상을 담담하게
따라가는 가운데, 내밀하면서도 적절한 생략과
여운의 화법으로 당대 한국 영화계에 신선한 충격을
안겼다. 죽음을 앞둔 주인공을 등장시켰음에도
손쉬운 신파로 이끌리지 않고, 감정을 착취하지
않으며, 우리 삶의 소중한 결을 따른다.
정원의 병명도 알려주지 않고, 두 사람이 각자 쓰는
편지의 내용도 관객에게 보여주지 않는다.
장르적인 관습을 좇지 않으면서 장르의 화법을
혁신하는 솜씨, 눈물을 거부하며 눈물을 끌어내는
놀라운 경지다. 앞서 얘기한, 영화에 중요한
모티브를 제공한 시 〈즐거운 편지〉처럼
경이로운 '사소함'의 미학으로 우리를 이끈다.
1992년 한국영화아카데미 9기, 대기업 홍보실을
다니다 아카데미에 들어와 동기 중 가장 나이가
많았던 허진호 감독은 단편 〈고철을 위하여〉(1993)로
주목받은 뒤, 평생의 멘토라 해도 좋을 박광수 감독의
〈그 섬에 가고 싶다〉(1993)와 〈아름다운 청년 전태일〉
(1995)의 연출부를 거친다.

이후 아카데미는 물론 연출부 시절부터 가까웠던
유영길 촬영감독과 함께 〈8월의 크리스마스〉를
만들었다. 한국 영화사 전체를 놓고 봐도 기념비적인
데뷔작이라고 할 수 있는 〈8월의 크리스마스〉는
영화진흥위원회의 영화관 입장권 통합전산망 집계가
본격적으로 도입되기 전, 서울 관객 수 45만 관객을
동원하며 그해 개봉한 한국 영화 중 3위를 기록했다.
또한 〈8월의 크리스마스〉는 제34회 백상예술대상
영화 작품상, 영화 여자최우수연기상, 제19회
청룡영화상 최우수작품상, 여우주연상, 신인감독상,
촬영상, 제18회 한국영화평론가협회상 최우수작품상,
여우주연상, 감독상, 촬영상, 제36회 대종상영화제
신인감독상, 각본상, 심사위원특별상, 제1회 디렉터스
컷 어워즈 올해의 감독상, 올해의 남자배우상, 올해의
여자배우상 등을 수상했다.

주성철 〈8월의 크리스마스〉는 가수 김광석의 웃는
영정 사진에서 출발한 것으로 알고 있습니다.
그처럼 반어적인 제목인 황동규 시인의 〈즐거운
편지〉가 이 영화의 최초 제목이기도 했고요.
그런데 완성된 영화는 제목도 달라졌고 첫 장면의
느낌도 달라졌습니다. 각본집은

"화면이 밝아지면 잠을 자고 있는 한 남자의 얼굴이다.
평온히 자고 있는 정원의 얼굴에 아침 햇살이 닿는다"

라는 지문과 함께 '정원의 방'에서 영화가 시작합니다.
그런데 완성된 영화는 정원이 잠에서 깨는 장면이
아니라 스쿠터를 타고 가는 모습으로 등장합니다.
그리고 그 첫 장면이 나오기 전,
세상을 떠난 유영길 촬영감독에 대한 추모의 의미로

"이 영화를 유영길 촬영감독님 영전에 바칩니다"

라는 자막으로 시작합니다. 영화 초반부터 어떤
분위기로 시작해야 할지에 대한 굉장한 고심이
읽혔습니다.

허진호   각본집의 첫 장면을 촬영하긴 했어요.
이후 편집하면서 바꿨죠. 유영길 촬영감독님에 대한
추모 자막도 있는데 지나치게 무겁게 시작하는 게
아닌가, 하는 생각이었죠. 그래서 그의 평범한
일상에서 시작하고 싶어서 스쿠터 타는 모습을
첫 장면으로 했어요. 〈8월의 크리스마스〉라는 제목이
뜨기 전에 스쿠터 타는 정원의 모습을 보여주고,
제목이 뜬 다음 각본집의 바로 그 첫 장면으로
시작했죠. 유영길 촬영감독님은 색 보정 작업까지
끝내시고 돌아가셨어요. 다행히 개봉 전
최초 기술 시사 때는 유 감독님이 계셨어요.
완성된 영화를 보시고 돌아가신 거죠.

주성철   영화는 내레이션의 활용이 눈에 띕니다. 초반부와
마지막에 있는 정원의 내레이션인데요. 초반부에는

"내가 어렸을 때 아이들이 모두 가버린 텅 빈 운동장에
남아 있기를 좋아했었다. 그곳에서 내 곁에 없는
어머니를 생각하고 아버지도 그리고 나도
언젠가는 사라져 버린다는 생각을 하곤 했었다"

라는 내레이션이 있고, 마지막에는

"내 기억 속의 무수한 사진들처럼, 사랑도 언젠가는
추억으로 그친다는 것을 난 알고 있었습니다.
당신만은 추억이 되질 않았습니다. 사랑을 간직한 채
떠날 수 있게 해준 당신께 고맙단 말을 남깁니다"

라는 내레이션으로 마무리됩니다. 영화의 시작과
끝에 내레이션을 배치해 정서적으로 굉장히
중요하기도 하고, 데뷔작인 〈8월의 크리스마스〉
이후로는 내레이션을 쓰지 않으셨기에 이 영화에서
내레이션을 활용하신 이유가 궁금합니다.

허진호   맞아요, 저도 영화에서 내레이션은 처음 써봤죠.
영화의 느낌을 설명할 수 있는 무언가가 있었으면
좋겠다는 생각이었고요. 첫 번째 내레이션의 경우는
제 어렸을 적 경험이 들어간 거예요. 초등학교 2학년
때, 할아버지가 돌아가셨다는 얘기를 학교에 있다가
전해 들었죠. 수업 도중 불쑥 그 소식을 듣게 된 건데
바로 그때 보았던 그 운동장의 느낌이 이상하게 계속
지워지지 않더라고요. 저로서는 태어나서 처음으로
'죽음'이라는 개념을 느낀 순간이었죠.
그리고 마지막 내레이션은 조성우 음악감독이 쓴 것
같은데, 그가 철학박사잖아요. 물론 저도 철학과를

나왔지만 공부를 제대로 안 했고(웃음),
조성우 음악감독은 시나리오를 읽고 난 다음
하이데거의 《존재와 시간》에 비춰 이 영화를
내레이션으로 풀어본 거죠.

주성철   삽입곡에 대해서도 궁금합니다.
정원이 지원을 만나고 버스를 타고 갈 때 산울림의
〈창문 너머 어렴풋이 옛 생각이 나겠지요〉라는 노래가
나옵니다. 노래 가사가 정원의 상황을 굉장히
직접적으로 드러내는데요. 여기서 각본집에는 없는
다음과 같은 내레이션도 흐릅니다.

"세월은 많은 것을 바꿔놓는다.
 서먹하게 몇 마디 나누고 헤어지면서 지원이는
 내게 자신의 사진을 치워달라고 부탁했다.
 사랑도 언젠가는 추억으로 그친다"

지원은 정원이 아프다는 얘기를 전해 듣고
걱정이 되어 찾아온 것이 아니라,
사진관 앞에 진열된 자신의 사진을 치워달라는
부탁을 하기 위해 온 것이었죠.

허진호　제가 그 노래를 굉장히 좋아했어요.
1985년경이니까 진짜 오래된 이야기이긴 한데(웃음),
아마 군대 갔을 때 논산 훈련소에서 식사하고 잠시
쉬는 시간에 매점인가 어디서 흘러나온 노래였어요.
원래 알던 노래였지만 그 순간의 느낌이 강렬했던
거죠. 정원도 아마 버스에서 그 노래를 들었을 때
같은 감정이지 않았을까요. 버스에서 창밖을 쳐다보며
달릴 때 실제로 그 음악을 틀어놓고 그냥 한 테이크로
찍었어요. 물론 동시녹음이 아니었으니까 그 음악을
현장음으로 살린 건 아니지만, 그 느낌을 그대로
가져가고 싶은 생각이었죠.

주성철　각본집과 완성된 영화를 비교하며 감상하는
독자 입장에서는, '왜 시나리오와 달라졌지?' 하며
사소한 차이도 굉장히 궁금할 겁니다.
가령 정원이 시장을 다녀오는 길에 다림과 다림의
동료인 효정을 마주치는 장면이 있는데요.
각본집에서는 정원의 장바구니에 담긴 게
'마늘종'이었는데, 영화에서는 '당면'입니다.

허진호　장면이나 소품을 바꾼 특별한 이유는 없었던 것 같고,
아마 준비가 안 됐을 거예요(웃음).

제가 그 장면이 기억나는 이유는, 신인 감독으로서
그 장면을 어떻게 찍어야 할까 고심하던 날이었는데,
하필 그날 '연예가중계' 같은 TV 연예프로그램에서
취재를 왔어요. 그때는 딱히 콘티도 없어서
좀 헤매고 있었는데 TV 카메라까지 오니까 그야말로
'멘붕'이 된 거죠. 그때 유영길 촬영감독님께
참 고마웠던 게 "허 감독, 해가 좋지 않으니까 오늘
이거 안 찍는 게 좋겠어"라고 하셔서 그 장면을
그날 안 찍었을 거예요(웃음).

주성철   각본도 실제 한석규와 심은하라는 배우들이
          연기하면서 바뀐 부분들이 많았을 것 같은데요.
          정서적으로 가장 달라진 부분이라면, 영화 속 정원은
          굉장히 웃음이 많다는 겁니다. 병원 대기실에 앉아
          있는 장면의 경우, 맞은편에 앉은 아이에게 혀를
          내밀고 "까꿍" 하는 모습 같은 건 각본에는 없거든요.

허진호   사실 저도 처음에는 적응이 어렵긴 했는데(웃음),
          당시 한석규 배우와 정원의 캐릭터를
          어떻게 가져갈 것인지에 대해 많은 얘기를 나눴죠.
          저는 좀 밝게 가자고 했어요. 한석규 배우는 그때
          한 우체부의 담담한 삶과 사랑을 그린

〈일 포스티노〉(1994) 같은 느낌으로, 되도록 연기를
안 하는 것 같은 자연스러운 연기를 하고 싶다고
했던 기억이 나요. 아무튼 영화에는 정원의 병명이
무엇인지 나오지도 않잖아요. 그래서 그런 톤이
어울릴 수도 있겠다 생각했죠.

주성철　　　　오랜 친구인 철구와 술을 마시고 나와
　　　　　　　거리에서 귓속말하는 장면이 있는데요.

각본에서는 귓속말한다는 설정만 있고 무슨 말을
하는지 나오지 않는데, 영화에서는 "철구야, 나 곧
죽는다" 하고 대놓고 얘기하는 장면이 있어요.
물론 농담이라 생각해서 친구가 믿지는 않지만,
왜 다르게 갔을까 궁금했어요.

허진호　　그 장면은 어떻게 할지 고민을 많이 했던 것 같아요.
일단 그렇게 직접적으로 얘기하는 장면을 찍어놓고
넣을지 말지 고민하다가 나중에 결정했죠.
말씀하신 것처럼 그런 얘기를 느닷없이 하면 대부분
농담이라 여기고 믿지 않을 테니까, 그냥 가져간 거죠.
정원의 입장에서는 상대가 믿건 안 믿건 한 번쯤
큰 소리로 얘기해 보고 싶었을 수도 있고요.

주성철　　다림이 사진관에 와서 쉬는 장면도 재밌습니다.
별자리 얘기를 나누며 대화가 이어지다가 정원이
"힘들죠?" 하고 물으면서 선풍기를 다림 쪽으로
돌려주는 장면도 좋은데, 시나리오에는 없는
동작이더라고요. 물론 이후에 정원이 경찰서에서
행패를 부리는 장면이 있긴 하지만(웃음),
당시 〈8월의 크리스마스〉가 신선하게 다가왔던 것은
그런 정원의 다정하고 '무해한' 모습 때문이지 않았나

싶어요. 가령 다림이 먼저 술 사준다고,
저녁 일곱 시 반에 만나기로 해놓고 정작
아예 나타나지 않은 것에 대해 나중에 만나
캐묻지도 않고요. 90년대 한국 영화에서 보기 드문
남자 캐릭터였어요. 어쩌면 주인공은 어쩔 수 없이
연출자를 닮는다는 점에서, 허진호 감독님의 개인성이
녹아들지 않았나 싶기도 합니다.

허진호   당시 기준으로 보면, 정원이라는 주인공이 되게
멋없는 남자 주인공으로 보일 수도 있어요(웃음).
내 입으로 이런 얘기를 하긴 좀 뭣하지만, 보통 영화를
찍으면서 배우와 감독이 자꾸 닮아가는 느낌이
분명히 있거든요. 다음 영화인 〈봄날은 간다〉의
상우(유지태)도 좀 그런 편인데, 부모님이 극장에서
〈봄날은 간다〉를 보시고는 "너랑 좀 비슷한 것
같아"라고 말씀하신 적 있어요(웃음).
그런 관점에서 보자면 분명 정원도 묘하게
저랑 비슷한 면이 있을 거예요. 아무래도 〈8월의
크리스마스〉처럼 일상의 시간을 꽤 길게 담아내는
영화에서는 감독과 배우가 오래 대화를 나누면서
서로를 관찰하고, 또 촬영이 이어지면서 자연스레
그렇게 되지 않나 싶어요.

주성철   그 장면에서 정원이 사자자리라는 것도
           알게 되는데요. 그럼 감독님도 실제 사자자리인가요?

허진호   네, 그렇죠(웃음). 재밌는 건 저뿐만 아니라
           시나리오를 쓴 오승욱 감독, 조성우 음악감독,
           그리고 조민환 프로듀서까지 네 사람 다
           사자자리예요. 사실 전 별자리에 관심이 없어서
           사자자리가 뭔지도 몰랐어요(웃음).

주성철   한 가족이 가족사진을 찍으러 사진관에 온 장면도
           인상적입니다. 영화에서는 아들이 "어머니,
           사진관에 오셨으니까 독사진 하나 찍으세요"라며,
           아마도 나중에 영정 사진으로 쓰게 될지도 모를
           어머니의 독사진을 찍는데, 각본집에서는 아들이
           아니라 며느리가 그렇게 하더라고요.
           그리고 영화에서는 어머니가 따로 독사진을 찍고
           있을 때, 자식들이 모여서 아파트로 이사 간 얘기 등을
           나누며 전혀 신경도 쓰지 않는데
           그 장면도 각본에는 없는 설정이었습니다.
           영화는 각본과 달리 자식들의 매정함이 강조되어
           더 삭막하게 보입니다.
           결국 할머니는 저녁때 다시 사진관에 혼자 찾아와

사진을 찍습니다. 그 사진을 자식들이 영정 사진으로
쓰려고 했다는 것을 뒤늦게 깨달으시고는 멋지게 꾸며
다시 찍기 위해서였죠. 그 와중에도 정원에게
"공짜로 해주는 거지?"라고 물으시는데,
역시 각본에는 없는 대사더라고요(웃음).

허진호   아들이 독사진을 권하기 전에 할머니가 안경을
쓰고 찍을지, 혼자 찍을지 정원과 얘기를 나누며
안경을 사준 아들 자랑을 하는 장면이 있어요.
그 후에 아들이 독사진을 권하는 모습이 그것과
연결되기도 하고, 그렇게 할머니를 혼자 외롭게
놔두는 느낌이 좋았어요. 영화를 준비하며 여러
사진관에 취재하러 다닌 적이 있는데, 영화 속
할머니의 에피소드는 그때 알게 된 내용이에요. 아마
서울 종로구 부암동의 한 사진관이었던 것 같은데,
나중에 그처럼 따로 독사진을 찍으러 온 할머니의
얘기였죠. 그걸 시나리오에 녹여낸 거예요.
가족사진을 찍는 신은 거의 롱테이크로 찍었는데,
유영길 촬영감독님이 굉장히 좋아하신 신이기도 해요.
할머니 혼자 남겨져 독사진을 찍을 때 손자가 막
우는데 그게 연출된 장면이 아니거든요.
민경진 배우가 자연스럽게 아이를 데리고 나가는데,

유영길 촬영감독님이 원래 다큐멘터리를 하셨던
분이라 그런 살아 있는 느낌을 좋아하셨죠.
저도 갑자기 아이가 울기 시작하니까 너무
좋더라고요(웃음).
실제로 민경진 배우와 할머니를 연기한 김애라 배우를
제외하고는 다 연기 경험이 없는 일반인들이에요.
특히 김애라 선생님은 과거 일제강점기 시절
만주에서도 극단 활동을 하셨던 분인데, 오래전부터
연극은 물론 영화에서도 조·단역 생활을 해오셨죠.
언젠가 찾아올 죽음을 충분히 받아들인 후에 다시
사진을 찍고자 하는 마음을 잘 표현해 주신 것 같아요.
참, "공짜로 해주는 거지?"라고 부탁하는 대사는
현장에서 만들어낸 거였고요(웃음).

주성철 나중에 김애라 선생님이 돌아가셨을 때, 그날 찍은
컷을 실제 영정 사진으로 쓰셨다는 얘기를
들었는데요, 영화와 현실이 만나는 것 같은 느낌이
들기도 하고, 담담하게 죽음을 받아들인다는
영화의 주제가 그렇게 현실에서 완성되는 것 같은
느낌도 받았습니다.

허진호 그때가 기억나요. 부고 연락을 받았을 당시 제가 해외

영화제에 참석 중이어서 장례식에 가보지는 못했는데,
유족들이 그 사진을 사용해도 되느냐고 물어서
허락했다고 하더라고요. 저 역시 기분이 묘했고,
무엇보다 장례식에 가보지 못한 아쉬움이 컸습니다.

주성철 〈8월의 크리스마스〉에서 정원이 아버지(신구)에게
리모컨 작동법을 알려주는 장면이 인상적입니다.
각본집에는 어떻게 묘사되어 있을까 궁금했는데,
영화와 달리 '예약 녹화' 방법을 알려주는 굉장히
난도가 높은 장면이더군요(웃음). 영화에서는 정말
테이프를 넣고 재생하는 방법도 모르는 아버지로
나왔죠.

허진호 그 장면은 제 경험에서 나왔어요. 아버지께서
정년 퇴임을 하셨을 때였어요. 교장 선생님도 오래
하셨고, 공부도 많이 하셔서 박사학위도 갖고
계시는데 비디오 플레이어를 못 다루시더라고요.
제가 영화아카데미 다닐 때였던 것 같은데,
거의 '재생'과 '중지'도 제대로 누르지 못하시는
수준이었죠. 그게 정말 신기했어요. 거대해 보였던
아버지라는 존재가 그런 기계적인 기초도 습득하지
못한 모습이 이해되면서 살짝 짜증도 났고요.

하지만 돈 없는 영화아카데미 학생이어서
용돈이 필요한 상황이라 그러지는 못하고(웃음).

주성철   각본집에서는 영화와 달리 정원이 전혀 짜증을
           안 내더라고요. 그리고 예약 녹화를 해야 하는 영화가
           각본집에서는 〈콰이강의 다리〉였는데,
           영화에서는 〈지상에서 영원으로〉로 바뀌었습니다.
           이유가 있을까요?

허진호   〈콰이강의 다리〉보다는 〈지상에서 영원으로〉가
           좀 더 죽음과 연관성이 깊어서 바꿨죠. 죽음을 앞둔,
           그래서 아버지를 계속 돌봐드리지 못하는 걱정과
           미안함이 커서 각본에서는 정원이 전혀 짜증을
           안 내는 모습이었을 거예요. 무엇보다 저는
           롱테이크로 찍은 그 장면이 한 4분 정도 되는데,
           지나치게 잔잔한 느낌이 들어서 컷을 나눠서
           가면 어떨까 하는 생각을 했죠. 그런데 유영길
           촬영감독님이 전혀 지루하지 않고 좋다며 저를
           혼내셨던 기억이 나요(웃음). 단순한 앵글 속에서
           두 사람의 관계가 드러나고 감정이 잘 표현된
           신이어서 저도 좋아하는 장면 중 하나입니다.

주성철   유영길 촬영감독님에 대한 얘기를 많이 해주셨는데요.
〈8월의 크리스마스〉로 청룡영화상 촬영상을
수상하신 것은 물론, 허진호 감독님의 스승이라
할 수 있는 박광수 감독님을 비롯해 장선우,
정지영 감독님과 늘 함께 작업한 당대 한국 최고의
촬영감독이었다는 사실은 재론의 여지가 없습니다.
한편으로 이창동 감독의 〈초록물고기〉(1997),
여균동 감독의 〈세상 밖으로〉(1994), 이명세 감독의
〈개그맨〉(1989) 등 신인 감독들의 든든한 멘토이기도
하셨죠. 앞서 얘기하신 장면들은 유 감독님이
정말 좋아하신 장면들이겠지만, 어쩌면 확신이
잘 서지 않는 신인 감독의 용기를 북돋고 격려하기
위한 의미도 있지 않았을까요?

허진호   먼저 긴 인연에 대해 말씀드려야 하는데요(웃음),
유영길 촬영감독님은 제가 영화아카데미에 있을 때
실습수업을 통해 촬영을 가르쳐주신 분이기도 하고,
영화아카데미 9기 3차 실습 작품인 35밀리 단편,
〈사랑은/그들에게/무형을〉(감독 유영식, 1992)의 촬영을
맡았을 때는 직접 오셔서 거의 다 가르쳐주셨죠.
말씀하신 박광수 감독님의 〈그 섬에 가고 싶다〉,
〈아름다운 청년 전태일〉 연출부로 있을 때는

두 편 다 촬영을 맡으셨기에 밤새 술도 마시고
많은 이야기를 나눈, 마찬가지로 스승 같은 분이시죠.
그처럼 각별하다 보니 데뷔작 〈8월의 크리스마스〉를
꼭 함께하고 싶었어요. 사실 그때 유 감독님은 다른
작품을 하려고 준비 중이셨는데, 제가 시나리오랑
양주 한 병 사 들고 우이동 댁에 찾아갔던 기억이
나네요(웃음). 치킨에 맥주를 마셨는데, 서로
거의 얘기를 안 했죠. 지나가는 달 얘기, 달빛이
차에 비치는 얘기, 뭐 그런 대화를 했던 것 같은데
저도 그때는 말이 없던 편이었지만 그 기억이
참 좋았어요. 처음에 〈8월의 크리스마스〉 콘티 작업을
할 때부터 유 감독님과 마음이 잘 맞았던 부분은,
매 컷을 정사진처럼 찍고 싶다는 거였죠.

주성철　　영화아카데미 9기생들 중 가장 나이가 많아서
유영길 촬영감독님이 좀 더 특별한 애정을
가지셨던 걸까요?

허진호　　그렇죠, 가장 많았죠(웃음). 영화 공부를 따로
해본 적도 없고 단편을 찍어본 경험도 없었죠.
'씨네필'이라 할 수 없는 학생이었다고 해야 하나.
당시 영화 잡지 《로드쇼》에 우리 9기 신입생들을

소개하는 기사가 실렸는데, 저마다 '내 인생의 영화'를
꼽았죠. 저는 "영화란 대중과 호흡할 수 있어야 한다고
생각한다"라며 〈사운드 오브 뮤직〉(1965)을 골랐다가
동기들한테 엄청나게 무시당했어요.
돌이켜보면 지금의 제가 그런 방향으로 간 것도
아니네요(웃음). 아무튼 당시 다른 친구들은
허우 샤오시엔과 에드워드 양, 그리고 고다르의
영화들을 골랐더라고요. 심지어 어떤 친구는
그 잡지 인터뷰를 위해 어제 본 영화를 마치
인생 영화인 것처럼 말하기도 했어요(웃음). 사실 저는
영화아카데미에 들어와서야 '아, 세상에 이런 영화도
있구나' 하며 처음 보는 영화들이 많았죠.
아무튼 그곳에서 정말 많이 배웠어요.

주성철 말씀하신 것처럼 〈사운드 오브 뮤직〉과는 완전히
다른 스타일의 〈8월의 크리스마스〉로 데뷔하신
건데요. 한석규 배우처럼 심은하 배우도 개인적인
버릇과 습관이 영화에 꽤 많이 반영됐다는 생각이
듭니다. 가령 다림이 사진관에서도 그렇고 나중에
놀이공원에서도 꼭 캔 음료를 딸 때 수건으로
입이 닿는 테두리를 깨끗하게 닦거든요. 각본집에는
없는 설정이어서 배우의 습관인가 했습니다.

허진호   그렇죠, 심은하 배우의 모습이 들어간 거죠.
지금도 그렇지만, 전 배우에게 이렇게 저렇게
구체적으로 디렉팅을 하지 않아요. 좀 뭔가 이상하다,
저건 아닌 것 같다는 부분만 지적하죠.
대부분은 배우가 현장에서 편하게 연기해야
영화가 좋아진다고 생각하거든요.
물론 심은하 배우는 이 영화가 데뷔작은 아니었지만,
그전까지 주로 TV 드라마 연기를 하면서
몸에 밴 것이 있다 보니, 제가 연기에 대해 아무런
지시도 내리지 않으니까 좀 당황해하기도 했죠.
아무래도 드라마보다 장면을 반복적으로 다시
찍는다는 점에 적응하지 못하는 것도 있었고요.
그래서 초반에는 감독과 배우로서 묘한 긴장 관계가
생기기도 했는데, 나중에는 자연스레 편해졌어요.
제 기억에 연기가 확 좋아졌다고 느낀 순간은,
다림이 스쿠터를 타고 떠나려는 정원을 붙잡아 급하게
사진을 맡기게 되면서, 사진관 안에서 아이스크림을
먹는 장면이에요. 알고 봤더니 심은하 배우가
원래 아이스크림을 좋아한다고 하더라고요(웃음).

주성철   당시 〈8월의 크리스마스〉를 굉장히 세련된 영화라고
느꼈던 이유가, 어쩌면 서사의 중요한 원칙일 수도

있는데, 정원의 구체적인 병명을 알려주지 않는다는
점이었습니다. '암인가 보다' 짐작만 할 뿐이죠.
그리고 두 사람이 쓰는 편지 내용도 보여주지
않습니다. 내레이션을 흐르게 하는 방식으로도
알려주지 않죠. 당시에는 이런 진행이 어떻게
허용되었을까 궁금하긴 합니다.

허진호   그러니까요(웃음). 실제로 정원의 병명을 무엇으로
할지 고민하긴 했어요. '러브 스토리는 당연히
백혈병'이라는 말도 있었고요(웃음).
우리가 주로 군산에서 촬영하다 보니, 유명한
중식당들이 많아서 자주 갔어요. 특히 한석규 배우가
탕수육을 좋아해서 꼭 시켜 먹었는데,
한번은 정원이 병원에 누워 있는 모습을 보니
얼굴이 좀 부어 있더라고요. 그래서 병명을
신장 쪽으로 가볼까 하는 얘기도 나눴었죠(웃음).
그런데 영화를 다시 보니까 그 병명을 얘기해 줄
틈도 없었던 것 같아요. 말하자면 병명을 알려주지
않는다는 것에 대해 걱정하긴 했으나, 그게 특별한
서사를 위해 "이번 영화는 이렇게 가는 거야" 하고
일부러 숨긴 건 아니라는 얘기죠. 편지 내용은 물론
쓰려고 시도는 해봤지만, 인물의 감정이나 정서를

지나치게 드러나게 하는 듯해서 뺐던 것 같아요.

주성철　　다림이 먼저 술을 산다고 해놓고는 약속 장소에
나타나지 않는 장면이 있는데, 그 장면도 당시로서는
굉장히 신선했어요. 각본집에서는 나중에 다림이
사진관에 와서 "아저씨 어제 내가 안 와 삐졌죠?"라고
묻는데, 정원이 왜 안 왔느냐고 하니까
"그냥 오기 싫어서 안 왔어요. 일하러 갈게요" 하고
영화와 똑같이 그렇게 말하고, 끝이죠. 보통 관습적인
연출이라면 다림이 어떤 사정으로 못 오게 됐는지
보여주거나 아니면 그것이 두 사람의 싸움의 발단이
된다든지 할 텐데, 그냥 그 장면이 쓱 지나가 버려요.

허진호　　두 사람이 술 약속을 하는 신에 나올 거예요.
비를 맞으며 우산을 나눠 쓰고 걸어오는 장면을
한참 롱테이크로 보여줘요. 그때 다림의 표정이
굉장히 묘하거든요. 막 설레는 것 같기도 하고
아닌 것 같기도 하고, 아무튼 그 표정을 보여주는
것만으로도 충분하다고 생각했어요. 말하자면 다림이
그때부터 본격적으로 '아, 이 사람이 남자구나?' 하는
연애 감정 같은 걸 느끼지 않았을까 싶은데,
그러면서 아주 혼란스러웠을 것 같아요. 이런

아저씨랑 연애하면 안 될 것 같기도 하고요. 그래서
막상 약속한 날 안 나타났던 게 아닐까 싶어요.

주성철　　　이후 두 사람 사이에 사랑이라는 감정이 본격적으로
싹트기 시작하면서 스킨십을 하게 되는데,
그 스킨십의 정도가 딱 팔짱으로 끝나요. 또 흥미로운
설정 중 하나는 놀이공원을 다녀온 다음 두 사람이
각각 목욕탕에 다녀오거든요.

허진호　　　목욕탕 다녀오는 장면은 사실 다들 이상하다며
빼자고 했어요. 그런데 제가 사우나를 워낙 좋아해요
(웃음). 예전에 〈아름다운 청년 전태일〉 연출부로
있을 때도 현장이 워낙 추우니까 시간 빌 때
목욕탕을 혼자 다녀오기도 했어요. 아무튼 목욕탕
설정이 이상하다고 하는 사람들이 많았지만,
제가 생각할 때는 목욕하고 나왔을 때의 상큼한
기분이 있잖아요. 게다가 계절적으로 여름이 지나가고
약간 선선해질 때니까. 그 느낌이 해 질 녘의 시간과
맞물려 색다른 느낌이 날 것 같았어요.

주성철　　　게다가 목욕을 마치고 나온 다음의 심은하 배우
연기가 정말 좋아요. 각본집에도 없는 대사들을

하시더라고요. 연기를 잘한다 못한다 그런 개념을
떠나 굉장히 자연스러워요.

허진호 맞아요, 그래서 그 장면을 살렸다고도 할 수 있죠.
가령 아무래도 남자가 더 빨리 목욕을 하고 나오니까
"역시 남자는 빠르구나" 하는 건 시나리오에 있는데,
그 옆에 과일 노점에 가서 귤 사는 장면은 다 현장
애드리브거든요. 아니, 애드리브라고도 할 수 없는,
그냥 자기가 하고 싶은 대로 '다림'을 연기하는
'심은하'로서 그런 행동을 한 거죠. 그즈음부터는
자신의 연기에 대해 저 무책임한 감독이 아무 말도
하지 않는다는 걸 알고는(웃음), 굉장히 신선하고
자연스러운 모습들이 나왔어요.
어쩌면 현장에서는 그런 제가 불편하고 미웠을
수도 있어요. 가령 다림이 사진관 유리창을 깨는
장면 있잖아요. 제가 농담으로 저 유리창을 나라고
생각하고 돌을 던져보라고 했는데, 얼마나 세게
던졌는지 유리창이 한 번에 완전히 박살 났죠(웃음).

주성철 정원의 마지막 내레이션에 대해 여쭤보고 싶습니다.

"내 기억 속의 무수한 사진들처럼, 사랑도 언젠가는

추억으로 그친다는 것을 난 알고 있었습니다.

당신만은 추억이 되질 않았습니다. 사랑을 간직한 채

떠날 수 있게 해준 당신께 고맙단 말을 남깁니다"

영화의 마무리여서 굉장히 고심한 내레이션이

아닐까 합니다.

허진호　　　앞서 얘기한 것처럼, 조성우 음악감독이

하이데거의 《존재와 시간》에 비춰 이 영화를

내레이션으로 풀어본 건데요, 이 영화는 이런

철학적 바탕이 있다는 걸 보여주는 거죠.

그걸 구현하기 위해 이 영화를 만든 건 아니지만,

어쨌건 그게 좋았어요. '죽음'과 '추억', 그리고

'영원'이라는 의미가 잘 담긴 것 같아요.

물론 제가 뭔가 조금씩 마음에 안 든다고 몇 번

고쳐 쓰라고 해서(웃음), 최종적으로 나온 버전이

영화에 담긴 거죠.

주성철　　　모든 감독은 자기 데뷔작에서 벗어나지 못한다,

결국 평생 하나의 주제를 다룬다는 얘기도 있는데요.

그런 점에서 보자면 〈8월의 크리스마스〉는

감독님에게 어떤 의미라고 할 수 있을까요?

허진호　〈8월의 크리스마스〉 시나리오를 쓰기 위해서
당시 작가였던 오승욱 감독과 주문진에 가서 머문
적이 있어요. 그때 술을 많이 마셨죠.
방파제 쪽에 술상을 차리고 달을 바라보며 쪼그리고
앉아 먹기도 했어요. 무슨 사연인지 모르겠지만
저희처럼 그렇게 혼자 술을 마시는 여자도 있었고요.
그런데 그게 오승욱 감독의 최근 영화 〈리볼버〉(2024)
마지막 장면에 딱 나오더라고요. 그래서 제가
〈리볼버〉를 보고 오승욱 감독에게 그 장면이 혹시
그때 거기서 온 거 아니냐고 물었더니 맞다고
하더라고요. 물론 제 영화가 아니라 남의 영화
얘기이긴 한데, 세상의 모든 감독에게는 그런 '원형'
같은 게 마음속에 분명히 있는 것 같아요.
〈8월의 크리스마스〉에는 제목과 영화 속 계절에서
오는 거리감 같은 게 있어요. 한여름 무더위에서
선선한 초가을로 넘어가는 느낌.
그렇게 아주 가깝지도 않고 멀지도 않게 세상을
바라보는 거리감, 혹은 관조를 좋아하는데요.
그런 적당한 거리감으로 인물과 세상을 바라보고자
하는 마음이 데뷔작에 담겼다고 해야 하나. 타인에게
깊이 들어가서 마치 다 아는 것처럼 얘기하는 건
불가능하다고 보거든요. 〈8월의 크리스마스〉 이후

지금까지 그런 태도가 계속 유지되고 있는지는
모르겠지만(웃음), 아무튼 감독으로서 언제나 변함없이
추구하고 싶은 것입니다.

8월의 선물:
비하인드 스틸

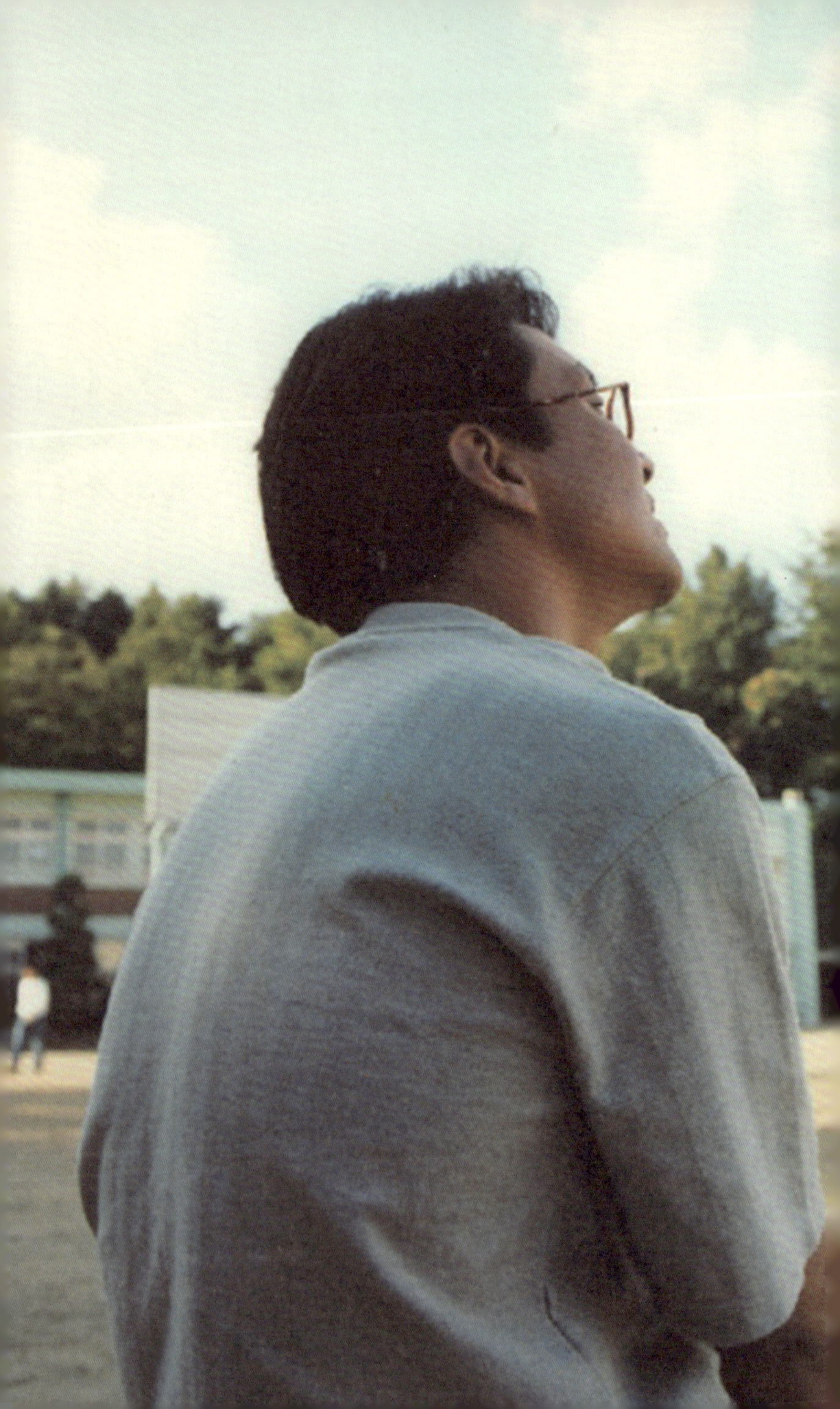

출 장 중

SCENE
4 4
CUT
1
TAKE
6

MLK
Pr

Kodak
Kodak
Kodak

초
人
즈
바
Kodak

사랑은 간직한 채····
- 감사합니다、

초원 사진관
사진관

765-335

만든 사람들

감독
허진호

시나리오
오승욱 신동환
허진호

출연
한석규 심은하
신　구 오지혜
이한위 전미선

제작 투자
김승범

제작
차승재

프로듀서
조민환

촬영감독
유영길

조명감독
김동호

편집
함성원

음악
조성우

오케스트라 지휘	동시녹음	믹싱	미술
정치용	김범수(LIVE)	LIVE TONE	김진한

소품	스틸&포스터	의상	분장
최승영	윤형문 (Portrait studio)	박상훈(KING KONG) 안경주 권영민	이경자 김진숙 김민선

특수효과	세트 제작	조감독	기록
방성철	청솔아트	박흥식 류장하 신동환 김일종	김미례

촬영부	조명기사	조명부	붐 오퍼레이터
석형징 김영래 남궁정진 김성환 김무유	고영광	김지훈 김성관 이제명 김준모 김성철	이상준

붐 어시스턴트	네거티브 필름 편집	제작 실장	제작 부장
송철기	김선민	윤상오	이민수 임희철

세트 디자인	미술팀	소품부	사운드 엔지니어
박일현	이근아 이인옥	신용호 조훈이	최태영

사운드 엔지니어	사운드 디자이너	폴리	회계
보조 김영록	이인규	박준오	박수경

운송	발전차	색 보정	현상
김기광	권종호	최두영	영화진흥공사

홍보
이현순 홍선영

마케팅
최선중

디자인
NCD

Original score by
조성우

O.S.T 제작
김성근
(삼성 영상사업단)

오케스트라 편성
김홍수

편곡
조성우 김세찬
김대홍 김준석

악보
김범석

음악 믹싱
황 인
(TAC STUDIO)

초원 사진관

초원 사진관 내부 부감도

출입문
2층 계단
세면대
에
휴식공간

© 박일현(세트 디자인)

초원 사진관 외부 전경

초원

관
꽃
집

8월의 크리스마스 각본집

초판 1쇄 인쇄 2025년 9월 30일
초판 1쇄 발행 2025년 10월 24일

지은이 오승욱, 신동환, 허진호

책임편집 안희주
외주편집 김새미나
디자인 studio forb
책임마케팅 최혜령, 박지수, 도우리, 양지환
마케팅 콘텐츠 IP 사업본부
해외사업 한승빈, 박고은
경영지원 백선희, 권영환, 이기경, 최민선
제작 (주)아라니아

펴낸이 서현동
펴낸곳 ㈜오팬하우스
출판등록 2024년 5월 16일 제2024-000141호
주소 서울시 강남구 테헤란로 419, 11층 (삼성동, 강남파이낸스플라자)
이메일 info@ofh.co.kr

ⓒ 싸이더스
ISBN 979-11-94979-45-6 (03680)

스튜디오오드리는 ㈜오팬하우스의 출판브랜드입니다.